BAND 6

SOWAS!

Sigrun Eder
Anna Maria Cavini
Hedda Christians

JUTTA juckt's nicht mehr

Hilfe bei Neurodermitis – ein Sachbuch für Kinder und Erwachsene

edition riedenburg

Bibliografische Information der Deutschen Nationalbibliothek
Die Deutsche Nationalbibliothek verzeichnet diese Publikation in der Deutschen Nationalbibliografie; detaillierte bibliografische Daten sind im Internet über http://dnb.d-nb.de abrufbar.

Geschlechtsspezifische Schreibweise
Das vorliegende Buch verwendet meistens eine geschlechtsneutrale Schreibweise. Wenn z.B. vom „Experten" die Rede ist, wird hierunter auch „die Expertin" verstanden.

Besonderer Hinweis

Das vorliegende Buch wurde sorgfältig erarbeitet. Dennoch erfolgen alle Angaben ohne Gewähr. Weder Autoren noch Verlag können für eventuelle Nachteile oder Schäden, die aus den im Buch vorliegenden Informationen resultieren, eine Haftung übernehmen. Befragen Sie im Zweifelsfall bitte Arzt oder Therapeuten.

Markenschutz
Dieses Buch enthält eingetragene Warenzeichen, Handelsnamen und Gebrauchsmarken. Wenn diese nicht als solche gekennzeichnet sein sollten, so gelten trotzdem die entsprechenden Bestimmungen.

2. Auflage Dezember 2012

Verlagsanschrift Anton-Hochmuth-Straße 8, 5020 Salzburg, Österreich
Internet www.editionriedenburg.at
E-Mail verlag@editionriedenburg.at

Lektorat Dr. Heike Wolter, Regensburg
Satz und Layout edition riedenburg
Herstellung Books on Demand GmbH, Norderstedt

ISBN 978-3-902647-12-2

Inhalt

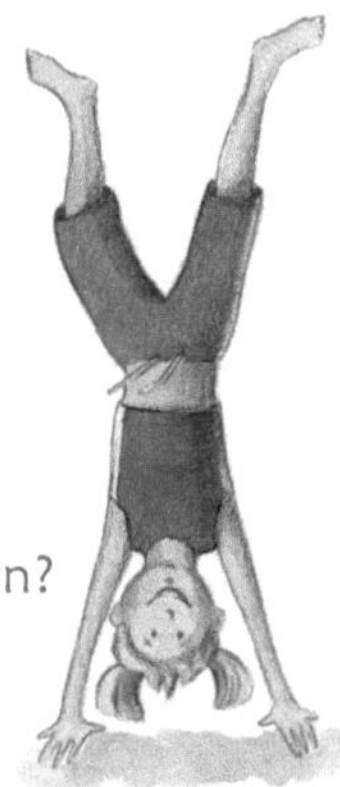

Liebe Kinder, liebe Eltern!

Wenn die Haut auf Waschmittel, frisch gemähtes Gras, kratzige Wollpullover, Tierhaare, staubige Böden, Nüsse, Ärger, Freude oder Stress und noch vieles mehr mit Hautausschlag und scheußlichem Jucken reagiert, ist das eine äußerst blöde und schmerzvolle Sache. Kränkende Bemerkungen von Schulkollegen können dann noch zusätzlich verletzen. Doch so zu tun, als hätte man die Krankheit Neurodermitis nicht, schadet mehr, als dass es hilft.

Deshalb ist es besonders wichtig, sich bereitwillig mit den Ursachen für juckende Haut auseinanderzusetzen und zu lernen, wie man zur Haut-Expertin und zum Haut-Experten werden kann! Denn wer ganz genau weiß, was er wie und wann für seine Haut und die gute Laune tun kann, wird unter weniger Neurodermitis-Schüben leiden und im Fall des Falles viel besser damit klarkommen.

Auch wenn ihr die Neurodermitis bereits gut im Griff habt, kann es immer wieder einmal schwierige Zeiten geben. Verzweifelt nicht, sondern bleibt dran, indem ihr eure Haut pflegt, Neurodermitis-Auslöser vermeidet, bewährte Strategien gegen das Kratzen einsetzt und euch selber Gutes gönnt.

Das gemeinsame Lesen des Buches hilft euch, zum Spezialisten in Haut-Angelegenheiten zu werden. Und wer unter der Dusche oder beim Kochen zur Entspannung eine Melodie trällern möchte, dem gibt Jutta ihr Anti-Kratz-Lied „Jutta juckt's nicht mehr“ mit auf den Weg.

Viel Freude damit wünschen euch
Sigrun Eder & Anna Maria Cavini

Jutta juckt's nicht mehr

Jutta ist eine tolle Turnerin, sie schlägt Räder wie ein Wirbelwind. Als sie sich Montag vormittags im Sportunterricht vom Handstand abrollt und zur Sprungrolle ansetzt, muss sie niesen. Auch spürt sie bereits ein Jucken um und in ihren Augen.

„Rotauge! Du machst wohl schlapp? So wirst du bestimmt nicht bei den Schulmeisterschaften antreten können!“, dröhnt es vom Schwebebalken, wo Sabine in der Standwaage balanciert.

Tränen kullern. Sie versucht sie mit einer gehörigen Portion Wut im Bauch wegzuwischen. Dabei kratzt sie sich die Haut beinahe blutig. Doch der Juckreiz* verschlimmert sich. Sabine rechnet bereits mit dem ersten Platz bei den Schulmeisterschaften.

So weit will es Jutta aber nicht kommen lassen! Sie ist eindeutig die bessere Turnerin von beiden. Außerdem wird sie sich nicht wegen ihrer blöden Krankheit von der Teilnahme am Wettkampf abhalten lassen.

Zum Abschluss der Turnstunde wird ein Staffelspiel gemacht. Die Schüler werden in Paaren durch Tücher an den Armen und Beinen aneinandergebunden und sollen dann durch einen Hindernisparcours laufen. Jutta hat großes Pech und wird mit Alex zusammen gewählt. Der brüllt gleich laut los: „Das kannst du vergessen! Ich lasse mich doch nicht mit der hässlichen Ziege zusammenbinden! Seht doch mal, wie eklig ihre Haut ist! Da werde ich ja auch noch angesteckt!“

Diese gemeinen Worte sind zu viel für Jutta. Am liebsten würde sie Sabine und Alex schütteln und ihnen ihren Ärger ins Gesicht schreien. Doch ihre Haut juckt jetzt bereits von Kopf bis Fuß und sie läuft heulend aus dem Turnsaal.

Erst unter der kalten Dusche lässt das unangenehme Jucken langsam nach. Als Jutta in das flauschige Handtuch gewickelt in die Umkleidekabine kommt, ist nur noch Anne da.

Diese bemerkt Juttas gedrückte Stimmung und deren unzählige Kratzspuren am ganzen Körper, während Jutta so schnell wie möglich in ihre Jeans und ihr T-Shirt zu schlüpfen versucht.

Jutta schämt sich vor Anne. Doch die sagt mit leiser, freundlicher Stimme: „Ich kenne das! Mein Bruder Philipp hat auch häufig eine zerkratzte und schorfige* Haut. Das ist ihm dann so peinlich, dass er für sich alleine sein möchte.“ „Wirklich?“, fragt Jutta erstaunt.

„Ich hab eine Idee!“, jubelt Anne, „Am Samstag feiern wir ein Gartenfest, komm doch einfach dazu! Ich bin mir sicher, Philipp freut sich, dich kennen zu lernen!“

Bei diesen guten Aussichten verlässt Jutta mit einem Lächeln im Gesicht die Schule Richtung Bushaltestelle.

Am Samstag ist Jutta bereits früh auf den Beinen und backt für das Gartenfest einen Kuchen. Sie schleckt sich genüsslich ihren mit Schokolade verschmierten Mund, während sie die geriebenen Nüsse unter den Kuchenteig rührt. Nach dem Auskühlen verziert sie den Kuchen mit vielen bunten Streuseln.

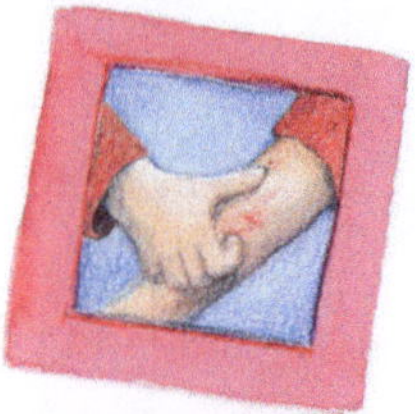

Danach ist Jutta abfahrbereit. Doch wie kommt sie jetzt zu Anne und deren Familie? Ihre Mutter ist immer noch nicht von der Nachtschicht zu Hause, heute fährt auch kein Bus und ihren Papa sieht sie erst nächstes Wochenende wieder.

Von Minute zu Minute wird Jutta zorniger! Sie will, dass das Warten auf Mama endlich ein Ende hat! Sie spürt wie ihre Hände, ihr Hals und ihr Mund zu jucken beginnen. Warum jetzt schon wieder? Zwar kratzt der Wollpullover ein wenig, dafür sieht er knallig rot aus. Sie musste ihn einfach anziehen.

Endlich hört sie Mamas Schritte im Flur und ruft: „Da bist du ja endlich! Können wir jetzt zu Anne fahren?“ „Jutta, jetzt lass mich erst mal ein paar Minuten zur Ruhe kommen. Ich habe eine anstrengende Nacht hinter mir!“, erwidert Mama genervt und verschwindet eilig im Schlafzimmer.

Jutta ist enttäuscht und verzweifelt zugleich. Es ist ein schöner Frühlingstag, die Vögel zwitschern, die Bäume blühen und alle Kinder spielen draußen im Freien. Jutta kann sie sogar durch die geschlossenen Fenster lachen hören. Die Fenster sind zu, damit die Pollen* der blühenden Bäume draußen bleiben. Darauf reagiert Jutta nämlich mit Hautausschlag.

Leider bleibt damit aber zugleich auch die Gelegenheit draußen, nettere Kinder als ihre Mitschüler kennen zu lernen.

Jutta sitzt alleine und unzufrieden vor dem Fernseher. Mittlerweile juckt es sie am ganzen Körper, doch das unentwegte Kratzen lindert das unangenehme Gefühl keineswegs.

Das Läuten des Telefons schreckt Jutta hoch und sie läuft hin. Es ist Anne: „Wo bleibst du? Wir warten auf dich und Philipp platzt beinahe vor Neugier!“ „Ich kann heute nicht kommen, meine Mama schläft. Sie hatte Nachtschicht im Krankenhaus und will mich jetzt nicht fahren“, antwortet Jutta traurig. „Dann nimmt dich einfach meine Tante mit, die wohnt in deiner Nähe“, bestimmt Anne.

Jutta bedankt sich, gibt Mama Bescheid und merkt, wie ihre Laune wieder steigt. Mit dem Kuchen auf dem Schoß wartet Jutta dann auf der Treppe sitzend auf Annes Tante.

Annes Tante ist sehr sympathisch und Jutta fühlt sich an ihrer Seite wohl. Ebenso freundlich sind alle anderen Familienmitglieder, die Jutta herzlich in ihrer Mitte aufnehmen. Beim Versteckspielen vergisst Jutta ihre juckende Haut beinahe.

Danach übernimmt sie gemeinsam mit Philipp die Aufgabe, köstliche Fruchtsäfte vorzubereiten. Jutta presst gerade frischen Orangensaft, als Philipp sagt: „Bitte lass bei meinem Saft die Orangen weg! Ich bekomme davon immer einen starken Ausschlag*.“ In diesem Moment spürt Jutta bereits, wie sie es an ihrem Unterarm juckt.

Als Philipp die Rötung entdeckt, vermutet er: „Scheinbar bist auch du auf Zitrusfrüchte allergisch!“

„Was heißt das, allergisch?“, fragt Jutta. „Das ist, wenn dein Körper auf verschiedene Dinge überreagiert, die Haut rot wird, zu jucken beginnt und du es kaum aushältst. Bei mir lösen das nicht nur Orangen aus, sondern auch Katzenhaare und Milch. Besser kann dir das aber sicher meine Kinderärztin Frau Doktor Bambini erklären. Die hat bei mir genau ausgetestet*, worauf meine Haut empfindlich reagiert. Jetzt weiß ich, vorauf ich zu achten habe, dadurch juckt es mich viel weniger und meine Haut ist schöner“, erklärt Philipp.

Später, als Anne, Jutta und Philipp sich mit den anderen Kindern in der Wiese beim Schokolade-Wettessen vergnügen, schreit Jutta plötzlich auf. Sie ist von einer Wespe gestochen worden, die mit einem großen Stück Schokolade in ihren Mund gekommen ist. Innerhalb von Sekunden schwillt Juttas Rachen* immer stärker an und sie ringt nach Luft.

Die Kinder erschrecken und eilen zu Annes Mama. Diese ruft Frau Doktor Bambini an. Zum Glück wohnt sie nur zwei Häuser weiter und kommt sofort mit ihrem Notfallkoffer in der Hand Jutta zu Hilfe.

Über ein dünnes Schläuchchen an ihrem Arm wird Jutta ein Medikament zugeführt. Es sorgt dafür, dass sich Juttas Körper, der auf das Insektengift überreagiert hat, wieder beruhigt. Danach geht es ihr rasch besser.

Um Jutta noch eine Nacht beobachten zu können, schickt Frau Doktor Bambini Jutta mit ihrer Mutter, die inzwischen eingetroffen ist, in einem Rettungsauto in das Krankenhaus. Zuvor verspricht Jutta der Ärztin, gleich am Montag, gemeinsam mit ihren Eltern, zu einem Beratungsgespräch in deren Praxis* zu kommen.

Juttas Eltern sind geschieden und leider nur selten einer Meinung. Umso mehr freut es Jutta, dass Mama und Papa sie gemeinsam zur Kinderärztin begleiten.

Das Wartezimmer ist freundlich eingerichtet. Es gibt Kinderbücher, Spielsachen und Jugendzeitschriften, um sich die Zeit bis zum Aufruf des eigenen Namens zu vertreiben. Dies dauert auch nicht lange und schon stellt Frau Doktor Bambini im Besprechungszimmer viele Fragen zu Juttas Haut.

Mama erzählt, wie Jutta bereits bei der Geburt eine schuppige und trockene Haut gehabt und sich als Baby oft in der Nacht die Haut wundgekratzt hat. Papa berichtet, dass Juttas verstorbene Oma dieselben Probleme mit ihrer Haut gehabt habe und auch seine zwei Brüder an Allergien litten. Seit dem Gartenfest weiß Jutta, was das Wort ‚Allergie' bedeutet.

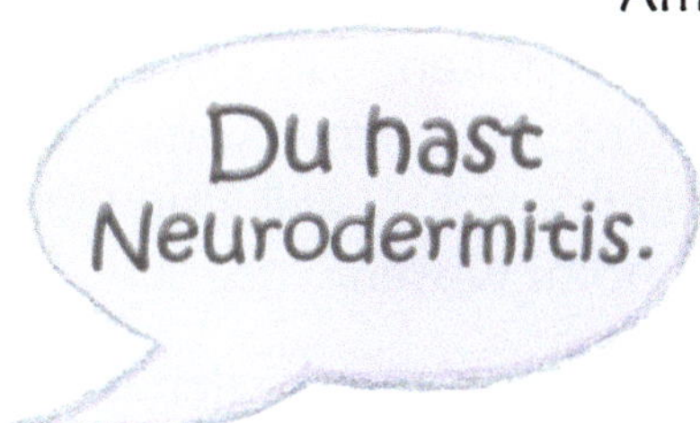

Am Ende des Gespräches sagt Frau Doktor Bambini zu Jutta: „Du hast Neurodermitis*. Das ist eine Erkrankung der Haut, deshalb bekommst du immer wieder diesen juckenden Ausschlag. Wir können die Neurodermitis nicht wegzaubern. Doch ich erkläre dir, wie du gut für deine Haut sorgen kannst."

Jutta atmet erleichtert auf. Endlich kennt sie den Grund für das unerträgliche Jucken!

Frau Doktor Bambini schlägt Jutta vor, einen Test zu machen: „Nur so finden wir heraus, worauf deine Haut allergisch reagiert. Dazu werden dir mit verschiedenen Flüssigkeiten kleine Punkte auf deinen Unterarm gemalt und nach zwanzig Minuten sehen wir, was dein Körper gar nicht mag. Vorher möchte ich dir ein paar Tropfen Blut abnehmen, um darin zusätzlich nach Allergien zu suchen."

Jutta nickt zustimmend. Die Blutabnahme bringt sie nicht aus der Ruhe. Sie ist harmlos, verglichen mit den täglichen Hänseleien durch ihre Mitschüler. Frau Doktor Bambini scheint ihre Gedanken erraten zu haben: „Eine Sache ist allerdings ganz eindeutig, die muss ich nicht testen: Deine Haut reagiert unangenehm, wenn du zornig, traurig oder wütend bist oder wenn du Stress erlebst."

Fünfzehn Minuten, nachdem Frau Doktor Bambini die Flüssigkeiten auf Juttas Unterarm aufgetragen hat, sind dort bereits einige rote, juckende Kreise zu sehen.

„Nüsse, Hausstaubmilben*, Orangen, Gräserpollen* und Wespengift verträgst du nicht. Kommt dir das bekannt vor?", will Frau Doktor Bambini wissen.

„Das mit den Gräserpollen wusste ich bereits", antwortet Jutta. „Und am Samstag haben meine Unterarme fürchterlich gejuckt, als

ich frischen Orangensaft gepresst habe. Jetzt verstehe ich auch, warum meine Hände und mein Mund so gebrannt haben, als ich beim Schoko-Nuss-Kuchen vom Teig genascht habe. Doch was sind Hausstaubmilben?“, fragt Jutta neugierig nach.

„Dein Körper reagiert empfindlich auf den Kot* der Hausstaubmilben. Das sind winzige Tierchen, die sich von Hautschuppen ernähren. Sowohl wir Menschen als auch Tiere stoßen ihre obersten Hautzellen, die nicht mehr benötigt werden, als Hautschuppen ab. Diese Milben leben besonders gerne dort, wo wir Menschen uns häufig aufhalten und viele Hautschuppen zurücklassen: in Betten, Polstermöbeln, aber auch in Teppichen, auf staubigen Böden oder in dicken Vorhängen. Vielleicht hast du das bereits bemerkt“, erklärt die Hautärztin.

„Das ist also der Grund, warum ich beim Turnen auf den staubigen Matten so viel niesen muss und meine Augen ständig jucken!“, fällt Jutta ein. „Aber was kann ich dagegen tun? Ich möchte unbedingt bei den Schulmeisterschaften mitturnen!“

„Orangen und Nüsse solltest du, wenn nur irgendwie möglich, von deinem Speiseplan streichen“, meint Frau Doktor Bambini. Dann geht sie zu einem Schränkchen und nimmt ein Teil heraus, das wie ein Kugelschreiber aussieht. „Für den Fall, dass dich wieder eine Wespe sticht, gebe ich dir diesen Notfallstift mit. Diesen kannst du dir selbst oder mit Hilfe deiner Mutter in den großen Muskel deines Oberschenkels pieksen. Und um den Hausstaubmilben das Leben in deinem Zuhause so schwer wie möglich zu machen, gibt es spezielle Überzüge für Matratzen. Die sorgen dafür, dass die Milben nicht in die Matratze kommen. Entferne aus deinem Zimmer außerdem den Teppich und hänge schwere Vorhänge ab.“

Dann greift Frau Doktor Bambini in eine Lade und nimmt ein Fläschchen heraus. „Falls beim Turnen der Juckreiz besonders stark ist, nimm fünfzehn Tropfen von diesem Medikament. Besser ist es aber, den Staub so gut es geht zu meiden."

Jutta hat beim Besuch der Kinderärztin so viele Neuigkeiten erfahren, dass ihr nun der Kopf raucht. Sie gähnt. „Genug für heute", sagt Frau Doktor Bambini. „Nächste Woche kommst du wieder. Dann zeige ich dir, wie du deine empfindliche Haut gut pflegen kannst." Die Ärztin verabschiedet sich mit einem sanften Händedruck von Jutta und ihren Eltern. Auf dem Rückweg kaufen Juttas Eltern jeweils zwei Spezialhüllen für Juttas Matratzen und die Kopfpolster, damit Jutta nicht nur daheim, sondern auch an den Wochenenden bei Papa gut schlafen kann.

Am Montag haben Jutta und ihre Mama den zweiten Termin bei Frau Doktor Bambini. Sie werden wieder freundlich empfangen. „Deine Haut sieht gut aus, wie hast du das gemacht?", erkundigt sich die Ärztin neugierig. Jutta erzählt, dass sie auf Orangensaft verzichtet und bei den Müsliriegeln darauf geachtet hat, dass sie keine Nüsse enthalten.

Danach lernen Jutta und ihre Mama, dass Juttas Haut unterschiedliche Bedürfnisse hat. Manchmal benötigt sie eine eher fette Salbe*, dann wieder eine flüssige Lotion*. Manchmal auch eine Creme* mit einem bestimmten Wirkstoff*. Jutta darf die verschiedenen Cremes in Döschen und Tuben ausprobieren. Gleichzeitig erklärt Frau Doktor Bambini, woran Jutta erkennen kann, was ihre Haut wann genau benötigt. Im Anschluss daran schreibt die Ärztin die geeigneten Hautpflegeprodukte auf, welche sich Jutta und ihre Mama gleich aus der Apotheke holen.

Am Tag der Schulmeisterschaften ist Jutta besonders aufgeregt. Sie muss warten, bis sie an der Reihe ist. Dabei spürt sie, wie ihre Unterschenkel zu jucken beginnen.

Jutta versucht, dem Drang zu widerstehen, sich unbedingt kratzen zu wollen. Von Frau Doktor Bambini weiß sie, dass Kratzen Risse in der Haut verursacht. Dadurch gelangen Bakterien* in den Körper, die den Juckreiz verschlimmern.

Anstatt sich zu kratzen, klopft und streichelt Jutta deshalb nur vorsichtig mit den Fingerkuppen über ihre Haut. Das tut gut und das Jucken lässt bald nach.

Dann ist sie endlich an der Reihe! Jutta fällt es heute leichter als sonst, sich den anderen im roten Turndress zu zeigen, denn ihre Haut schimmert heute ganz besonders schön von der neuen Salbe, mit der sie sich zuvor eingecremt hat! Jutta hat auch keine wunden Stellen mehr am Körper und keine Pusteln an den Händen oder im Gesicht.

Am Ende ihrer Kür* rollt sie sich vom Handstand ab, setzt zur Sprungrolle an und landet elegant auf ihren Füßen. Sie strahlt von einem Ohr zum anderen, als das Publikum begeistert applaudiert. Ganz vorne sitzen Mama und Papa und rufen: „Bravo, Jutta, toll gemacht!“

Jutta ist sehr stolz auf sich!

Und als sie bei der Preisverleihung die Goldmedaille bekommt, gratuliert ihr sogar Sabine zum Sieg.

Gewusst wie!

1) Was bringt Jutta dazu, ihre Haut beinahe blutig zu kratzen?

2) Worauf reagiert Philipp allergisch?

3) Welche Krankheit hat Jutta?

4) Wodurch bekommt Jutta immer wieder einen juckenden Hautausschlag?

5) Was kaufen Juttas Eltern gegen die Hausstaubmilben?

6) Was hilft Juttas Haut besser als kratzen?

Am

See

„Am See"
ist Juttas Entspannungsgeschichte.

Es wäre fein, wenn deine Mama, dein Papa oder eine andere dir wichtige Person sie dir mit ruhiger Stimme langsam vorlesen könnte. Juttas Fantasiegeschichte hilft dir, deine Gedanken auf Reisen zu schicken. Wenn du sie öfters gehört hast, wirst du dir selbst eine ganz persönliche Entspannungsgeschichte ausdenken können.

Möchtest du beginnen? Dann suche dir einen Platz, an dem du dich wohlfühlst und mach es dir dort gemütlich, sei es im Liegen oder Sitzen.

Schließe deine Augen.

Ist dir das unangenehm, suche dir stattdessen einen Punkt an der Wand und konzentriere dich darauf. Wenn du dich unsicher fühlst, kannst du auch später deine Augen schließen.

Du atmest ruhig und gleichmäßig. Du atmest ein, du atmest aus.

Du bist mit deinen Gedanken bei dir. Alle störenden Geräusche von draußen werden leiser. Du fühlst, wie sich dein Bauch durch das Ein- und Ausatmen hebt und senkt. Du versuchst langsam zur Ruhe zu kommen. Du merkst, deine Arme und Beine werden ganz ruhig und angenehm schwer.

In deiner Vorstellung machst du einen Spaziergang zu einem kleinen See. Auf dem Weg dorthin flattern Schmetterlinge um dich herum. Sie sind bunt. Einer setzt sich für kurze Zeit auf deine linke Schulter. Er ist so leicht, dass du seine zarte Berührung kaum merkst. Als er wegfliegt, siehst du ihm nach und fühlst dich sehr leicht. Du bist guter Laune. Es gibt nichts, das dich in diesem Moment aufregt oder stresst.

Du kommst am See an und gehst den leicht knarrenden Bootssteg aus dunklen Planken entlang. Am Ende des langen Steges entdeckst du ein kleines Ruderboot. Es ähnelt einer Nussschale. Mit ruhigen Schritten steuerst du auf das Boot zu.

Der Wind weht dabei in dein Haar und die frische Brise kühlt deine Haut. Niemand ist da, den du fragen kannst, ob du dir das Ruderboot ausleihen kannst. Nach kurzem Überlegen springst du hinein, löst die Leine und paddelst los.

Die Ruder gleiten sanft und mit Leichtigkeit durch das wunderschöne, dunkelgrüne Wasser des Sees. Dabei hinterlassen sie größere und kleinere Kreise auf der sonst glatten Oberfläche des Sees. Immer wieder spritzen kleine Wassertropfen auf deine Haut. Sie kommen dir so frisch vor wie der Morgentau auf den Blumen.

Du ruderst in deinem Rhythmus und genießt die frische Luft und den Ausblick auf die Berge rundherum. Es ist Sommer und trotzdem sind ihre Gipfel schneebedeckt. Du stellst dir vor, wie es wäre, dort oben am Gipfel zu stehen, tief einzuatmen und auf den See hinab zu blicken.

Alles, was du siehst, kommt dir von oben aus betrachtet winzig vor. Du selbst wärst nur ein kleiner Punkt in der Landschaft. Kummer und Sorgen sind genauso weit entfernt, wie das Tal vom Gipfel aus gesehen. Du atmest die würzige, klare Bergluft tief ein und aus, dein Bauch hebt und senkt sich dabei. Dann wandern deine Gedanken langsam zurück zum Boot, in dem du sitzt.

Das Rudern hat deine Arme und Beine angenehm müde gemacht.

Du entscheidest dich für eine Pause. Dazu holst du die Ruder ein und machst es dir im Boot bequem. Deine Arme liegen locker neben deinen ausgestreckten Beinen. Dein Pullover dient dir als Polster.

Das Boot schaukelt sanft hin und her und du genießt die Ruhe. Auf dem Rücken liegend betrachtest du die Wolken am Himmel. Du überlegst, welchen Formen sie ähneln. Eine gleicht einer Hängematte. Zwischen den Wolken entdeckst du dunkle Punkte. Es sind im Schwarm vorbeiziehende Vögel. Ihr Zwitschern hörst du nicht, dafür sind sie den Wolken zu nahe. Deine Augen begleiten ihren Flug. Sie fliegen in verschiedenen Anordnungen. Mal sehen sie wie ein Flugzeug aus, mal wieder wie ein großer Kreis.

Am Ufer des Sees ist es ganz ruhig.

Niemand außer dir hat den See aufgesucht und du bist ungestört. Es ist so leise, dass du sogar die Fische hörst, welche auftauchen und nach Fliegen schnappen.

Du merkst, wie sich ein Gefühl der Entspannung in deinem Körper immer weiter ausbreitet: bis in die Schultern, bis in die Arme, bis in den Bauch und bis in die Beine.

Verweile in diesem ruhigen und wohligen Zustand noch ein wenig.*

Nun ist es Zeit, allmählich von deiner Fantasiereise zurückzukehren. Wenn du wach geworden bist, fühlst du dich ausgeruht und zufrieden.

Ich werde jetzt rückwärts zählen. Bei „Drei" machst du mit deinen Händen eine Faust. Auf „Zwei" streckst du deine Arme weit nach oben und atmest tief ein und aus. Bin ich bei der Zahl „Eins" angekommen, öffnest du deine Augen und kommst mit deinen Gedanken wieder im Hier und Jetzt an.

Ich beginne nun langsam zu zählen:

Drei: Balle deine Hände zur Faust!

Zwei: Strecke beide Arme nach oben!

Eins: Öffne deine Augen, deine Fantasiereise ist zu Ende!

* maximal 5 Minuten

Das Problem mit der Haut: Informationen für dich

Was ist Neurodermitis?

Neurodermitis klingt fremd und sehr nach Ärztesprache, doch was bedeutet dieses Wort? Kennst du die Bezeichnungen „atopisches Ekzem*“, „atopische Dermatitis*“ oder „endogenes Ekzem*“? Dir ist keines dieser Wörter bekannt? Macht nichts! Die verschiedenen Namen haben eines gemeinsam, sie beschreiben alle dieselbe Hauterkrankung.

Neurodermitis ist eine chronische Hautkrankheit, die sich in Form von Entzündungen mit Juckreiz an deiner Haut zeigt. Chronisch bedeutet, dass die Erkrankung über einen längeren Zeitraum immer wiederkommen kann. Trotzdem besteht die Chance auf Besserung und darauf, dass du eines Tages überhaupt keine Probleme mehr mit deiner Haut hast.

Zwei Drittel aller Kinder, die an Neurodermitis leiden, sind als Erwachsene symptomfrei*, das heißt, sie spüren gar nichts mehr von ihrer Erkrankung.

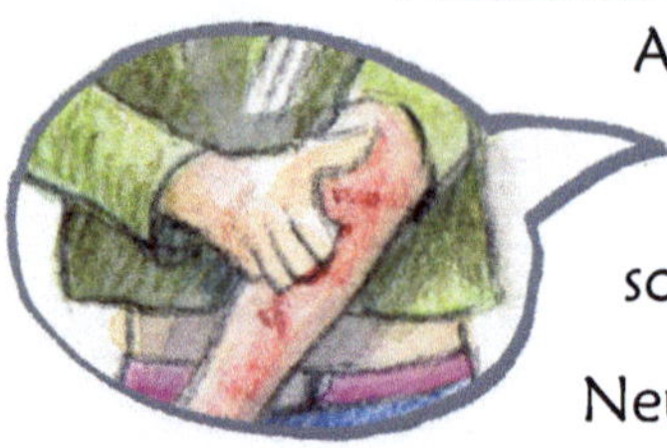

Neurodermitis ist also eine Entzündung der Haut, die sich als Ausschlag an verschiedenen Körperstellen zeigt. Häufig betroffene Stellen sind die Ellbeugen, die Kniekehlen, der Hals oder das Gesicht. Ebenso kann der Hautausschlag über den gesamten Körper verteilt sein.

Neurodermitis breitet sich bei jedem Kind unterschiedlich aus. Die Erkrankung tritt nicht jeden Tag gleich stark auf, weshalb es Zeiten gibt, in denen dir deine Haut überhaupt keine Probleme bereitet. Es kommt auch vor, dass sich die Neurodermitis zeitweise verschlechtert.

Aufgrund der verschiedenen Abstände und der Intensität der Erkrankung spricht man von einem schubweisen Verlauf. Leider kann deshalb nicht vorausgesagt werden, wie es deiner Haut morgen und wie schnell es ihr nach einer Entzündung wieder besser gehen wird. Lass dich durch das unterschiedliche Auftreten von Neurodermitis nicht verunsichern und gehe sorgsam mit deiner Haut um.

Neurodermitis ist nicht ansteckend! Deshalb muss niemand Angst davor haben, sich durch Körperkontakt mit einer betroffenen Person anzustecken.

Hat außer dir noch jemand in deiner Familie diese Erkrankung? Vermutlich, denn Neurodermitis zählt zu den Erkrankungen, die vererbt* werden können. Das bedeutet, je mehr Personen in deiner Familie Neurodermitis haben, umso wahrscheinlicher ist es auch für dich und deine Geschwister, daran zu erkranken.

Neurodermitis gehört in die Gruppe der atopischen* Erkrankungen. Dazu gehören der Heuschnupfen*, das allergische Asthma* und die Neurodermitis. Das Wort Atopie* bedeutet Überempfindlichkeit gegenüber bestimmten Dingen, die völlig harmlos sind und anderen Menschen keine Probleme bereiten. Wer eine dieser Krankheiten hat, reagiert auf manche Substanzen überempfindlich.

Der allergische Asthmatiker* kann z.B. mit Hustenanfällen und Atemnot beim Einatmen von Blütenstaub oder Gräserpollen reagieren; der Neurodermitiker* bekommt einen Hautausschlag. Blühen bestimmte Bäume, dann läuft beim Heuschnupfenerkrankten die Nase und die Augen tränen.

Was sollst du über deine Haut wissen?

Je besser du über deine Haut Bescheid weißt, umso gezielter kannst du ihr helfen. Deine Haut ist das größte Organ deines Körpers und somit nicht nur ganz schön groß, sondern sie erfüllt auch sehr wichtige Aufgaben: Sie hilft dir den Wärme- und Flüssigkeitshaushalt im Körper zu regulieren*. Wenn dir warm ist, schickt der Körper das Blut in die Haut, um es abzukühlen. Das bemerkst du, indem deine Haut besser durchblutet und dadurch rot wird.

Gleichzeitig prägt die Haut das Aussehen einer jeden Person. Je nach Hautfarbe, Hautton* und Hautbild* wird jeder Mensch auch äußerlich zu einer einzigartigen Person. Allein die Anordnung der Rillen deiner Fingerkuppe ist einmalig und ein Fingerabdruck wird deshalb in der Kriminalistik* verwendet.

Deine Haut schützt deinen Körper ebenso vor seiner Umgebung. Täglich kommt die Haut mit schädlichen Stoffen, wie z.B. mit Waschmitteln oder Bakterien, in Kontakt. Eine intakte* Haut verhindert, dass schädliche Stoffe in deinen Körper gelangen.

Am besten ist daher, wenn du dich dauerhaft gut um deine Haut kümmerst. Denn eine sorgfältige Hautpflege lässt Neurodermitis seltener auftreten.

Die Haut besteht aus drei Schichten, welche jeweils unterschiedliche Aufgaben erfüllen. Die einzelnen Hautschichten heißen:

- ✔ Oberhaut
- ✔ Lederhaut
- ✔ Unterhaut

Der Aufbau der Haut

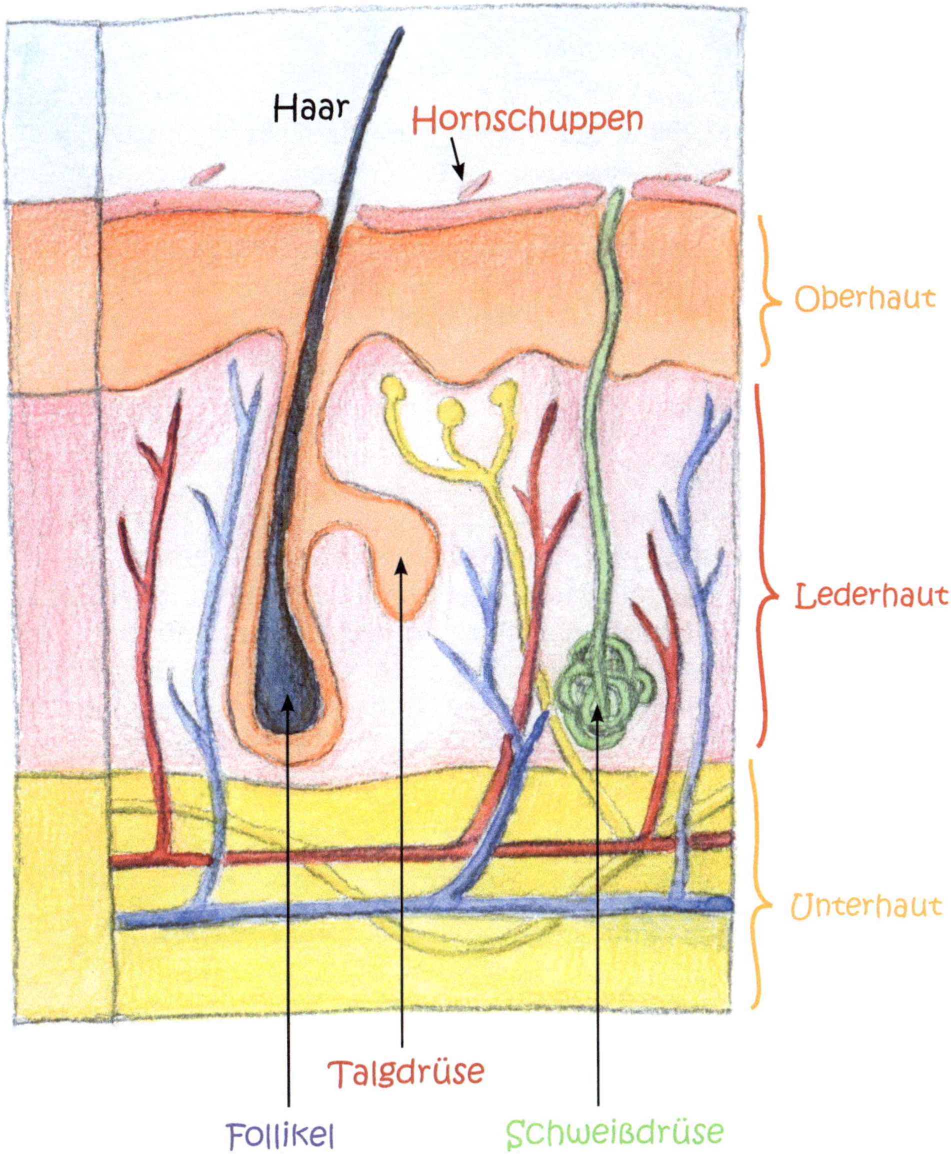

Welcher Teil der Haut macht was?

Hornschuppen und Oberhaut

Die erste der drei Hautschichten ist die Oberhaut. Ihre Oberfläche besteht aus Hornschuppen, die deine Haut widerstandsfähig machen. Die Hornschuppen sind abgestorbene, fest miteinander verklebte Zellen, die langsam an die Hautoberfläche geschoben werden. Dort werden sie abgestoßen und fallen ab. In den tieferen Schichten der Oberhaut werden Hautzellen nachproduziert, um die abgefallenen Hautzellen zu ersetzen und bei Wunden die Heilung zu ermöglichen. Die tiefen Hautzellen der Oberhaut können auch den Farbstoff Melanin produzieren. Dieser vermag es, unsere Haut bei Sonnenbestrahlung zu bräunen.

Haare und Talgdrüsen

In der Vergrößerung siehst du deine Haare aus der Haut ragen und an jedem einzelnen Haar hängt ein Säckchen, eine sogenannte Talgdrüse. Sie produziert eine Fettmischung, die entlang des Haarschaftes an die Hautoberfläche gelangt. Dadurch wird deine Haut eingefettet und bildet einen Schutzmantel vor Bakterien, welcher zugleich die Haut vor dem Austrocknen schützt. Das kannst du selbst ausprobieren, indem du deinen Unterarm mit fettiger Salbe eincremst und danach unter einen Wasserstrahl hältst. Du wirst sehen, wie die Creme die Wassertropfen abprallen lässt. Genauso wie dadurch wenig Wasser in die Haut eindringen kann, wird der Körper vor zu viel Wasserverlust bewahrt.

Schweißdrüsen und Schweiß

Was wie kleine Wollknäuel aussieht, das sind die Schweißdrüsen. Diese produzieren deinen Schweiß, der über die Poren, das sind kleine Löcher in der Haut, an die Oberfläche kommt. Wenn du dich anstrengst oder dir heiß ist, wird dadurch dein Körper gekühlt. Lass Wasser über deine Hand rinnen und bewege sie anschließend ganz schnell durch die Luft. Merkst du, wie kühl deine Haut wird? Der Schweiß schmeckt salzig und bildet mit seiner Säure* eine Schutzschicht vor Bakterien. Die Kombination aus Säure und Fett, der sogenannte Säurefettschutzmantel, ist perfekt, um deinen Körper vor Schadstoffen* zu schützen.

Lederhaut

Schweiß- und Talgdrüsen liegen in der Lederhaut. Der Name verrät dir bereits, dass diese Schicht, wenn sie von toten Tieren kommt, als Leder zu verschiedenen Produkten verarbeitet wird (z.B. zu Jacken, Schuhen, Taschen, Couch-Überzügen). Berühre eine Lederjacke oder -tasche und du erkennst, wie stabil dieses Material ist. Die Festigkeit entsteht durch die vielen Bindegewebefasern, die der Haut ihren Halt geben.

Unterhaut

In der untersten Hautschicht, der Unterhaut, befinden sich die Fettzellen, die deine Haut unterpolstern und dich auch vor Kälte schützen. Damit du Kälte, Wärme, Druck und Berührungen spürst, hast du Sinneszellen in deiner Haut. Diese leiten die Eindrücke an dein Gehirn* weiter, damit du sie wahrnehmen kannst. Die Gefäße* bringen das Blut in deine Haut und ernähren sie damit.

Was ist anders bei deiner Neurodermitis-Haut?

Die Neurodermitis-Haut* produziert weniger Talg* und die Schweißdrüsen funktionieren weniger gut. Dadurch hast du einen dünneren Säurefettschutzmantel, der dich vor Bakterien schützt. Da deine Neurodermitis-Haut deswegen nicht so gut eingefettet ist, wird sie trockener und es kommt zu kleinen Einrissen. Diese Hauteinrisse erleichtern Bakterien das Eindringen in die Haut und der Körper verliert durch die Risse noch mehr Feuchtigkeit.

Je trockener die Haut ist, umso leichter entstehen weitere Hautrisse und ein Teufelskreis* beginnt. Deshalb entstehen bei deiner Haut häufiger Entzündungen, welche unangenehm jucken und dich zum unbemerkten Kratzen verleiten.

Das Kratzen schädigt deine Haut besonders. Wie mit kleinen Messerspitzen kratzen deine Nägel weitere Risse in deine Haut und dadurch gelangen Bakterien besonders leicht unter deine Haut und verstärken die Entzündung.

Nicht nur das Kratzen, sondern auch Stress, Ärger, Allergene* und verschiedene andere Auslöser* verschlimmern die Entzündung.

Intakte Haut: Der Säurefettschutzmantel schützt die Haut und macht sie widerstandsfähig, Bakterien können nicht eindringen.

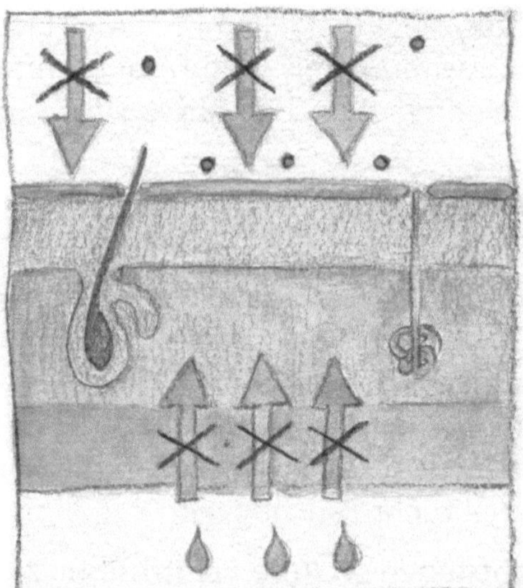

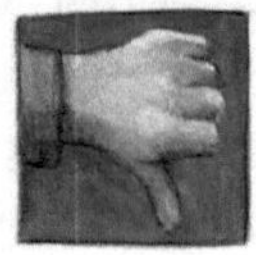

Kaputte Haut: Der Säurefettschutzmantel ist zu dünn, zusätzliches Kratzen führt zu Hautrissen und Bakterien können eindringen.

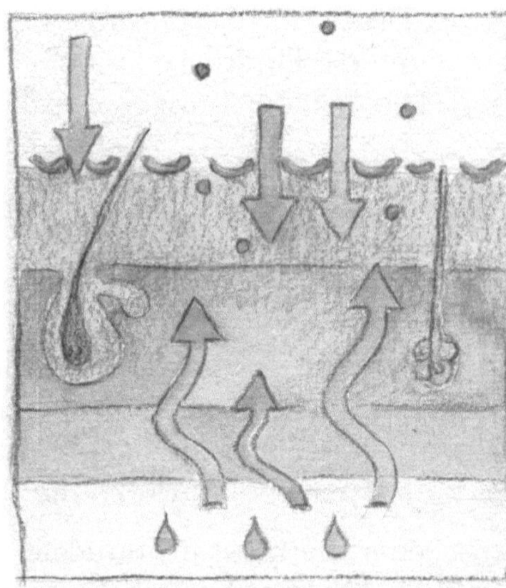

Was passiert mit der Haut bei einem Neurodermitis-Schub?

Starke Neurodermitis-Schübe* können Spuren hinterlassen. Somit gibt deine Haut Auskunft darüber, wie achtsam du mit ihr umgegangen bist. Beispielsweise kann deine Haut gerötet oder pustelig sein oder Narben tragen. Nachfolgende Auflistung hilft dir, die anfänglichen und späteren Veränderungen deiner Haut besser einzuordnen und die Dringlichkeit eines Arztbesuches zu erkennen. Deine Neurodermitis-Haut kann folgende Veränderungen aufweisen:

- **Rötung:** Aufgrund der Entzündung schickt der Körper vermehrt Blut mit Abwehrzellen* in die Haut, weshalb sie röter wird.
- **Einrisse:** Trockenheit und Kratzen verursachen Hauteinrisse.
- **Verstärkte Verhornung:** Die oberflächliche Hornschicht verdickt sich, wodurch die Hautoberfläche oft gröber erscheint.
- **Trockenheit mit Schuppung:** Sie entsteht durch das Abfallen der oberflächlichsten Hornzellen.
- **Knötchen:** Verdickungen an einzelnen Stellen der Haut sind als Knötchen spürbar.
- **Bläschen:** Sie können mit klarer Flüssigkeit gefüllt sein, welche beim Aufplatzen herausrinnt. Die Bläschen sind von einem Arzt/einer Ärztin anzusehen, weil es sich dabei um eine Herpesinfektion* handeln kann.
- **Pusteln:** Das sind mit gelblicher Flüssigkeit (Eiter*) gefüllte Bläschen, welche vom Arzt/der Ärztin zu prüfen sind. Ursache dafür ist meist eine stärkere, durch Bakterien verursachte Entzündung, die mit speziellen Medikamenten behandelt werden muss.
- **Narben:** Je tiefer die Haut durch die Entzündung und das Kratzen verletzt wurde, desto schlechter kann der Körper die Wunde reparieren und umso eher kommt es zu Narbenbildung. Bei der Narbenbildung wird die Haut verdickt und fühlt sich deshalb härter an.

Warum sollst du deine Neurodermitis-Haut pflegen?

Deine Neurodermitis-Haut ist von Natur aus trockener und insofern vor Schadstoffen schlechter geschützt. Doch gerade hier kannst du mit fetthaltigen Salben nachhelfen und deiner Haut das fehlende Fett zuführen.

Durch regelmäßiges Eincremen – mindestens zweimal täglich – machst du deine Haut weich und geschmeidig. Gleichzeitig schützt du sie vor äußeren Einflüssen und Entzündungen. Schließlich erschwert das Eincremen den Bakterien, in deine gesunde Haut einzuwandern. Die Pflege mit rückfettenden Mitteln, die keine Wirkstoffe enthalten – das heißt, keinen als Medikament wirksamen Stoff –, nennt man Basispflege.

> Je nachdem, wie viel Fett und Wasser darin enthalten ist, wird zwischen Salbe, Creme oder Lotion unterschieden.

Eine **Salbe** enthält am meisten Fett, ist daher auch am klebrigsten beim Auftragen und benötigt am längsten, um in deine Haut einzuziehen. Doch sie hilft dir am besten, wenn deine Haut sehr trocken ist. Trag sie vor allem abends auf sowie nach dem Duschen und Baden, um die Feuchtigkeit in deiner Haut zu behalten.

Eine **Creme** beinhaltet weniger Fett und mehr Wasser als eine Salbe und lässt sich daher leichter auf der Haut verteilen.

In einer **Lotion** hingegen findest du eine Mischung mit mehr Wasser und weniger Fett. Diese hilft deiner trockenen Haut vergleichsweise am wenigsten, doch wenn du in der Früh spät dran bist, ist es besser, du gibst eine Lotion auf die Haut als gar nichts. Denn sie zieht schnell ein und deine Haut wird trotzdem ein wenig gepflegt.

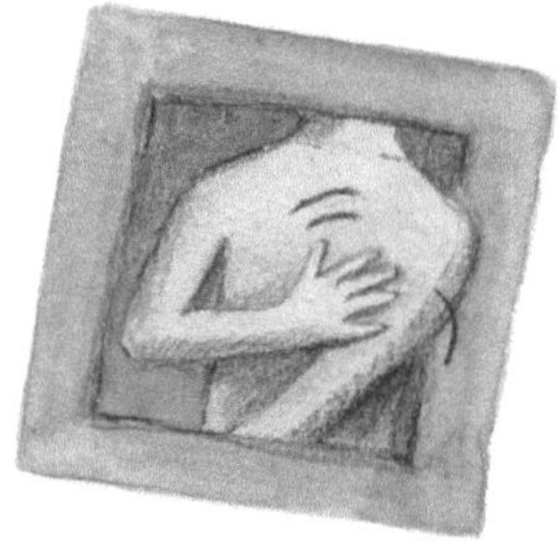

Nimm dir täglich ausreichend Zeit für die Hautpflege. Lass das Eincremen zu einem Ritual für dich werden und plane es mehrmals täglich – mindestens zweimal – fix in deinen Tagesablauf ein.

Die Salbentiegel aus der Apotheke sehen meistens etwas langweilig aus. Verwende wasserfeste Stifte und bemale sie deinen Vorstellungen entsprechend, um mehr Freude damit zu haben. Stelle deine Pflegeprodukte in deinem Zimmer oder im Bad immer in Sicht- und Griffweite auf. So hilfst du dir, dich regelmäßig an die Hautpflege zu erinnern.

Welche Pflegetipps können deiner Haut und dir helfen?

- ✔ Bevor du dich eincremst, wasche dir deine Hände. Ansonsten bringst du all den Schmutz, mit dem du unbemerkt in Kontakt gekommen bist, mit deiner empfindlichen Haut in Kontakt.
- ✔ Wenn du Creme aus Cremetiegeln verwendest, benutze zum Herausnehmen der Creme immer einen frischen Löffel oder einen Spatel*, um nicht Bakterien und Schmutz mit deinen Fingern hineinzubringen.
- ✔ Achte darauf, nur die benötigte Menge herauszunehmen. Überschüssige Creme musst du wegwerfen, sie soll nicht erneut verwendet werden, denn wenn du sie bereits in der Hand oder am Körper hattest, ist sie bereits zu sehr verunreinigt.
- ✔ Halte deine Salbentuben und Cremetöpfchen sauber und entferne festklebende Reste an den Rändern frühestmöglich! Dadurch kannst du dir sicher sein, dass du immer eine reine und wirksame Creme hast.

In welcher Reihenfolge sollst du deine Haut pflegen?

✔ Beginne beim Eincremen deines Körpers beim Gesicht. Dann fahre mit Hals, Armen, Brustkorb, Bauch, Rücken und Beinen fort. Füße und Gesäß sind die Körperstellen, welche zuletzt drankommen sollen, denn dort befinden sich die meisten Bakterien. Du verhinderst das Verteilen dieser Bakterien, wenn du Füße und Gesäß zum Schluss eincremst.

Magst du Jutta und Philipp in der richtigen Reihenfolge eincremen? Dann schnapp dir einen Buntstift und los geht‘s!

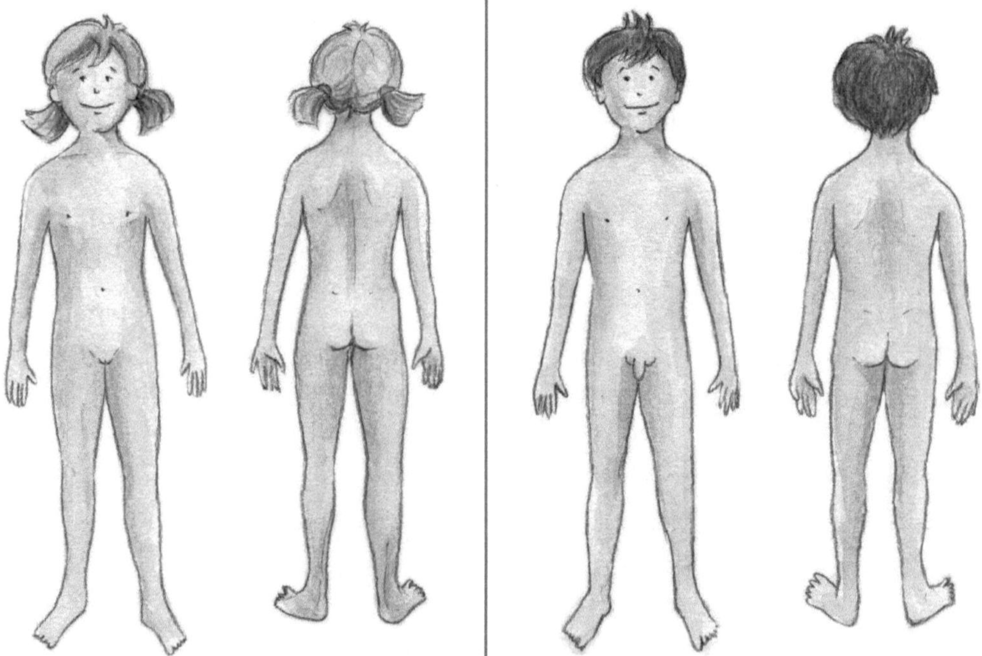

- ✔ Empfindest du das Eincremen als schmerzhaft, dann versuche die Creme sanft in die Haut einzuklopfen. Dadurch wird sie weniger gereizt. Cremes und Salben halten länger, wenn du sie im Kühlschrank aufbewahrst. Ein weiterer Vorteil ist, dass sie beim Auftragen eine kühlende und somit den Juckreiz lindernde Wirkung haben.

- ✔ Besonders wohltuend für deine Haut ist ein Ölbad. Wichtig ist, dass du eines auswählst, welches deine Haut gut verträgt und dessen Geruch du magst. Ein Bad mit Olivenöl eignet sich sehr gut, da im Unterschied zu anderen Badezusätzen allergische Reaktionen ausbleiben. Außerdem ist Olivenöl in den meisten Haushalten vorrätig und für ein wöchentliches Bad erschwinglich. Für ein Ölbad gieße ein Viertel Glas Olivenöl in deine Badewanne. Danach mache es dir in der Badewanne für maximal fünfzehn Minuten gemütlich. Halte die Zeit ein, da längeres Baden deine Haut wieder austrocknet. Deshalb bade auch nicht öfters als zweimal pro Woche. Achte darauf, dass dein Badewasser nicht wärmer als 35 Grad Celsius ist, dies kannst du ganz leicht mit einem Wasserthermometer überprüfen! Denn wärmeres Wasser entzieht deiner Haut unnötig Feuchtigkeit.

- ✔ Lass dich mit einer ruhigen Musik berieseln, während du dich in der Wanne räkelst, damit du alle Sorgen abschütteln und dich gut entspannen kannst.
- ✔ Nach dem Bad rubble deine Haut nicht ab, sondern tupfe sie nur leicht trocken. So kann die Ölschicht auf deiner Haut gut einziehen.

✔ Creme deine Haut anschließend mit einer dicken Schicht von deiner fetten Pflegesalbe ein. Auf diese Weise kannst du die Feuchtigkeit des Bades gut in deiner Haut bewahren.

✔ Schwarztee solltest du bei leichten Entzündungen in dein Bad geben. Dieser hilft Bakterien zu bekämpfen und brennt nicht auf offenen Stellen. Bereite dir eine Kanne schwarzen Tee zu, lass ihn mindestens zehn Minuten ziehen und gieße ihn anschließend in das Badewasser.

✔ Schwarztee eignet sich auch hervorragend als Mittel für Wickel bei entzündeten Stellen. Nimm dazu ein paar Mullkompressen, tauche sie in kalten Schwarztee und fixiere sie mit einem Verband auf deinen juckenden Stellen. Du wirst merken, wie deine Haut gekühlt wird und gleichzeitig der Juckreiz abnimmt. Diese Anwendung kannst du mit fett-feuchten Umschlägen bei sehr trockener Haut kombinieren. Streiche die fette Salbe auf deine trockene Haut auf. Darüber wickle Schwarztee-Mullkompressen* und schließe mit einem trockenen Verband ab. Nimm den Umschlag ab, wenn du keine Kühlung mehr verspürst. Meist hält der Kühleffekt für circa 30 Minuten an. Nach der Abnahme des Umschlages wirst du über deine gut eingefettete und weiche Haut erstaunt sein.

✔ In der Apotheke gibt es auch Schlauchverbände*, die einfacher als herkömmliche Verbände zu verwenden sind, weil du sie wie den Ärmel eines Langarm-Shirts über die betroffenen Stellen ziehen kannst: Streiche zuerst die Salbe auf, ziehe als Nächstes einen Schwarztee-Schlauch und zum Schluss einen trockenen Schlauch über. Mit einem Schlauchverband ist es möglich, die Schule zu besuchen, die Hausaufgaben zu erledigen oder zu entspannen, weil du ihn mehrere Stunden anbehalten kannst. Ein weiterer Vorteil ist, dass du mit den Verbänden deine Haut vor kratzenden Fingern besser schützt.

Weshalb sollst du spezielle Produkte verwenden?

Warum sollst du eigene Cremes, ein eigenes Duschbad und Shampoo sowie spezielle Waschmittel verwenden?

➞ Viele der in Geschäften erhältlichen Shampoos, Duschbäder, Waschmittel und Cremes beinhalten Duft*-, Farb- und Konservierungsstoffe*. Diese können deine Haut reizen und auch den unangenehmen Juckreiz verstärken.

➞ Deshalb sollst du vor dem Kauf prüfen, ob das ausgewählte Pflegeprodukt frei von diesen Inhaltsstoffen ist. Deine Eltern können dir dabei helfen, ungünstige Inhaltsstoffe zu erkennen, denn oftmals sind die Inhaltsstoffe auf der Verpackung sehr klein gedruckt und außerdem in Fremdwörtern „versteckt".

➞ Hast du ein Pflegeprodukt gefunden, das deiner Haut gut tut und kein Jucken hervorruft, dann bleibe dabei.

Lass dich von gutgemeinten Ratschlägen nicht beirren! Schließlich weißt du mit der Zeit am besten, was für deine Haut wohltuend ist und was sich angenehm anfühlt.

Wie weisst du genau, was deine Haut benötigt?

Am leichtesten lassen sich die Veränderungen an deiner Haut in drei Phasen einteilen: Mit Hilfe der Haut-Ampel kannst du am besten entscheiden, welche Therapie am hilfreichsten ist.

Du kannst auch deine Salben und Medikamente entsprechend der Ampelfarben (rot, gelb, grün) markieren, um im Alltag weniger nachdenken zu müssen und immer das passende Mittel anwenden zu können. Vielleicht möchtest du schöne Aufkleber dafür verwenden.

Beobachte die Beschaffenheit deiner Haut genau, dann fallen dir Veränderungen besser auf. Wie du deine Haut versorgen sollst, hängt mit ihrem jeweiligen Aussehen zusammen.

Der folgende Ampelplan ist eine Entscheidungshilfe für dich:

Bei der Farbe grün ist alles weitgehend okay,
bei orange ist bereits ein Juckreiz aufgetreten,
bei rot hast du es mit starken Entzündungen zu tun.

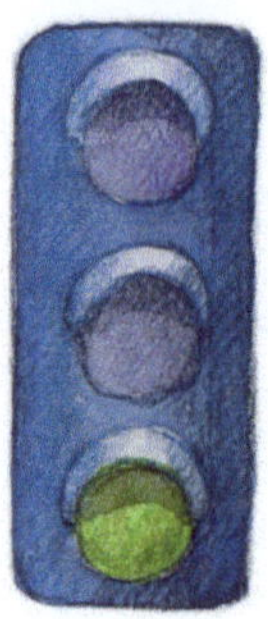

1. Grüne Phase

Hautbild: Deine Haut ist weitgehend frei von entzündlichen Veränderungen, allerdings ist sie meist ein wenig trocken.

Hilfe für die Haut: Jetzt sollst du unbedingt regelmäßig deine Basispflege verwenden, um deine Haut einzufetten, geschmeidig zu machen und sie vor Einrissen zu schützen.

2. Orange Phase

Hautbild: Deine Haut wird trockener und rot. Sie beginnt zu jucken und du kannst das Kratzen nicht so einfach vermeiden.

Hilfe für die Haut: Verwende Pflegemittel mit mehr Fettgehalt. Gönne dir Schwarztee- und Olivenölbäder im Doppelpack, denn gemeinsam lindern sie den Juckreiz und fetten deine Haut ein. Gegen den Juckreiz können dir bestimmte Salben und Cremes mit Wirkstoffen helfen. Hole dir dazu ärztlichen Rat ein. Verwende Medikamente und Wirkstoffsalben in der verordneten Menge und Häufigkeit. Als Erinnerungshilfe schreib dir diese Angaben auf die jeweilige Packung.

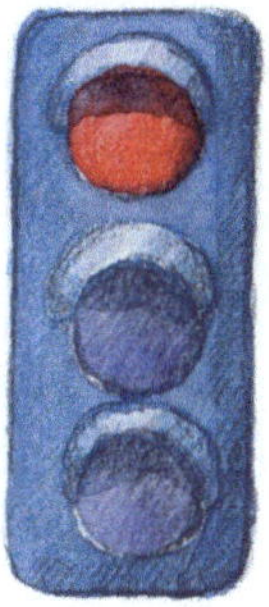

3. Rote Phase

Hautbild: Deine Haut ist stark entzündet und hat offene Stellen, die auch bluten können. Zusätzlich können sich an deiner Haut Pusteln und Bläschen bilden.

Hilfe für die Haut: Für diese Stufe gibt es Wirkstoffsalben mit starker anti-entzündlicher Wirkung, das heißt, sie beruhigen die Entzündung. Diese Wirkstoffsalben müssen von einem Arzt/einer Ärztin verordnet werden und sind entsprechend der ärztlichen Anweisung zu verwenden. Trage diese Salben besonders im Gesicht sparsam auf, da hier deine Haut besonders dünn ist. Ansonsten könnte zu viel vom Wirkstoff in deinen Körper aufgenommen werden und das ist auf Dauer ungesund. Verwende beim Eincremen Einmalhandschuhe, um übermäßiges Eindringen des Wirkstoffes in deine Haut zu verhindern. Wasche dir nach der Hautpflege gut die Hände, am besten mit einer pH-hautneutralen* Seife, und creme sie anschließend mit deiner Basiscreme ein. Bessert sich dein Hautausschlag innerhalb einer Woche nicht oder entdeckst du Pusteln oder Bläschen, hole ärztlichen Rat ein, denn möglicherweise benötigst du ein zusätzliches Medikament.

Worauf kann deine Haut reagieren?

Deine Haut kann auf verschiedene Allergene überreagieren. Diese sind, wie du bereits weißt, bei jedem Menschen unterschiedlich und müssen individuell ausgetestet und beobachtet werden.

Besonders häufige Allergene sind Baum- oder Gräserpollen, Hausstaubmilben, Katzen- oder Hundehaare/-hautteilchen, Zitrusfrüchte, Nüsse, Eier, Fisch und Schimmelpilze.

Aber nicht nur auf Allergene kann deine Haut überreagieren. Es gibt auch verschiedene andere Auslöser, die bei Kontakt dein Hautbild verschlechtern können. Deine Haut beginnt zu jucken, wird rot und du bekommst einen unangenehmen Ausschlag.

Worauf ein Neurodermitiker reagiert, ist von Person zu Person unterschiedlich. Folgende Kleidungsstücke, Produkte, Umstände, Verhaltensweisen und Gefühle können Neurodermitis auslösen:

- kratzende Kleidungsstücke
- Wollpullover von dir oder von Personen, mit denen du in Berührung kommst (beim Umarmen, Kuscheln und Spielen, beim Kontakt im Autobus, ...)
- raue Innennähte oder Spitzen von Kleidungsstücken
- Etiketten in deinen Kleidungsstücken
- Wollteppiche
- Chemikalien* auf neu gekauften Kleidungsstücken
- Kosmetika* und Make-up-Produkte*
- Hautpflegeprodukte mit Konservierungs- und Parfumstoffen

- Shampoos mit Farb-, Konservierungs- und Parfumstoffen
- Waschmittel mit Farb-, Konservierungs- und Parfumstoffen
- Putzmittel
- Krankheiten
- trockene Luft
- Zigarettenrauch in deiner Nähe
- Schweiß
- Kratzen
- starke Gefühle
- Anspannung durch Druck und Stress

Wodurch verschlimmert sich der Juckreiz?

Neurodermitis wäre wohl ohne den Juckreiz nur halb so schlimm. Aber bereits kleine Babys kratzen sich blutig, wenn sie durch den Juckreiz gequält werden.

Zu kratzen, wenn es juckt, ist eine ganz normale und automatische Reaktion.

Jeder, der einen Mückenstich hat, kratzt sich dort, ohne es zu bemerken.

Warum?

Durch das Kratzen bessert sich der Juckreiz kurzzeitig, aber gleichzeitig werden oberflächliche Schichten der Haut verletzt. So können Bakterien leichter in die Haut eindringen und die Entzündung verschlimmert sich. Zusätzlich verliert die Haut mehr Flüssigkeit und wird trockener, wodurch ihre Schutzschicht angegriffen wird. Der Effekt: Die Haut ist wieder anfälliger für Entzündungen. Sich zu kratzen zeigt bei Juckreiz daher nur kurze Zeit Wirkung. Langfristig schädigt Kratzen deine Haut.

Problematisch ist das Kratzen mit langen, spitzen Fingernägeln. Sie hinterlassen, wie kleine Messer, Schnitte in deiner Haut. Sichtbarer oder unsichtbarer Schmutz, der sich unter langen Fingernägeln befindet, kann durch das Kratzen in die Haut geraten. Deswegen ist es günstig, die Fingernägel kurz, rund gefeilt und sauber zu halten.

Wenn du dich ärgerst, wirkt sich das besonders ungünstig auf deine Haut aus. Denn Ärger bringt betroffene Kinder dazu, sich heftiger als sonst zu kratzen, wodurch der Juckreiz verstärkt wird. Je stärker sich Kinder kratzen, desto mehr schädigen sie ihre Haut und machen sie anfälliger für Entzündungen.

Was ist der Juck-Kratz-Kreislauf?

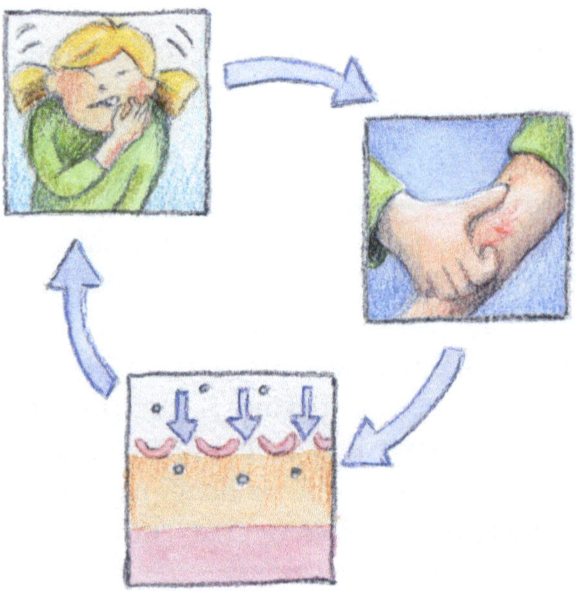

Kratzen ist eine zu vermeidende Handlung.

Und weil das viele Kinder wissen, bekommen sie, zusätzlich zum Jucken und Ärgern, beim Kratzen ein schlechtes Gewissen.

Ein schlechtes Gewissen kann dich stressen und dadurch die Entzündung verstärken, was wiederum zu übermäßigem Juckreiz und somit zu weiterem Kratzen führt.

Auf diese Weise entsteht ein Juck-Kratz-Kreislauf, der schwer zu unterbrechen ist.

Wie kannst du den Juck-Kratz-Kreislauf unterbrechen?

Der Juck-Kratz-Kreislauf ist eine üble Sache, da die Nachteile überwiegen. Aus dem Juck-Kratz-Kreislauf auszusteigen, erfordert Bereitschaft, Entschlossenheit und gute Ideen.

Folgende Fragen dienen dazu, dich auf neue Ideen zu bringen:

- ✔ Was sind die ersten Anzeichen für einen Neurodermitis-Schub?
- ✔ Was bringt dich dazu, dich kratzen zu wollen?
- ✔ Wodurch wird das Jucken stärker?
- ✔ Wie kannst du deine Finger vom Kratzen abhalten?
- ✔ An welchen Tagen ist es dir besonders gut gelungen, deine Finger vom Kratzen abzuhalten? Was war da anders?
- ✔ Was benötigst du, um dich sogar beim stärksten Juckreiz an die günstigen Verhaltensweisen* bei Juckreiz zu erinnern?
- ✔ Wer oder was kann dir helfen, den Juck-Kratz-Kreislauf zu unterbrechen?
- ✔ Wann ist es dir bereits gelungen, den Juck-Kratz-Kreislauf zu unterbrechen? Was war da anders?
- ✔ Was musst du sagen oder tun, damit du den Juck-Kratz-Kreislauf unterbrechen kannst?

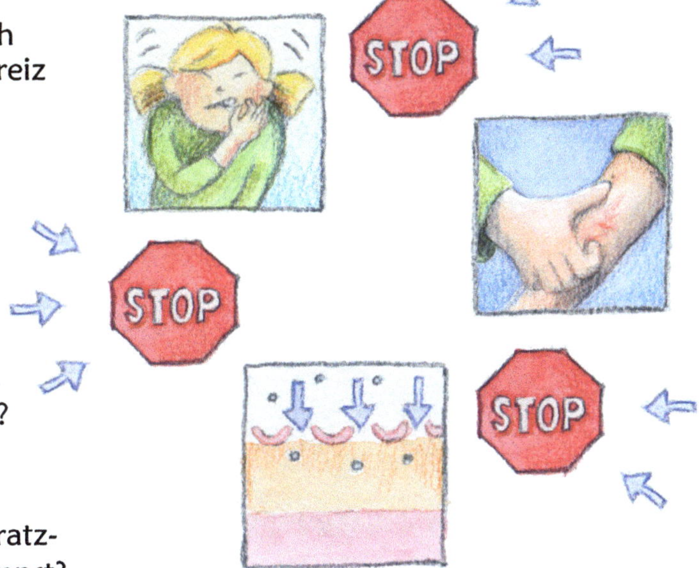

Deine Strategien gegen den Juck-Kratz-Kreislauf

Günstig ist, wenn du dir an Tagen, an denen es deiner Haut gut geht, Gedanken machst, wie du aus dem nächsten Juck-Kratz-Kreislauf aussteigen kannst. Ist es dir gelungen, den Juck-Kratz-Kreislauf zu unterbrechen, bewerte anschließend dein Verhalten: Überlege, wie zufrieden du mit deiner jeweiligen Strategie bist.

Strategien zu deiner Zufriedenheit sollst du häufiger anwenden, verändere jedoch jene, die sich nicht bewährt haben.

Juttas Tipp: Tausche deine Erfahrungen mit deinen Eltern oder anderen betroffenen Kindern aus, um auf neue Ideen zu kommen und funktionierende Strategien zu verfeinern. Hab Geduld! Es kann ein wenig dauern, bis du entdeckt hast, wie du den Juck-Kratz-Kreislauf erfolgreich unterbrechen kannst.

Meine Strategie gegen den Juck-Kratz-Kreislauf:

____

____

So zufrieden bin ich mit meiner Strategie gegen den Juck-Kratz-Kreislauf:

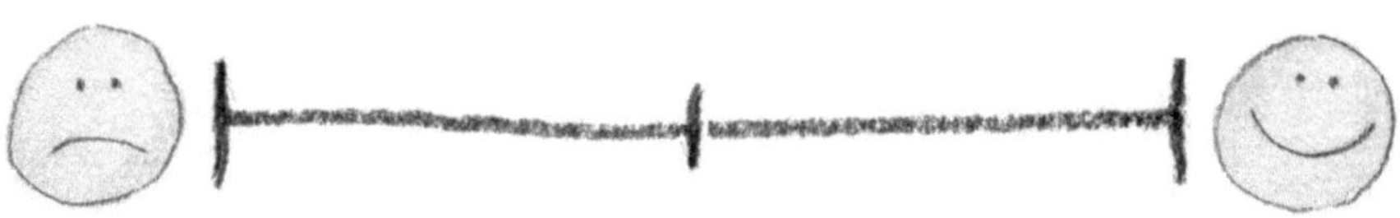

gar nicht zufrieden — sehr zufrieden

Meine Strategie gegen den Juck-Kratz-Kreislauf:

____

____

So zufrieden bin ich mit meiner Strategie gegen den Juck-Kratz-Kreislauf:

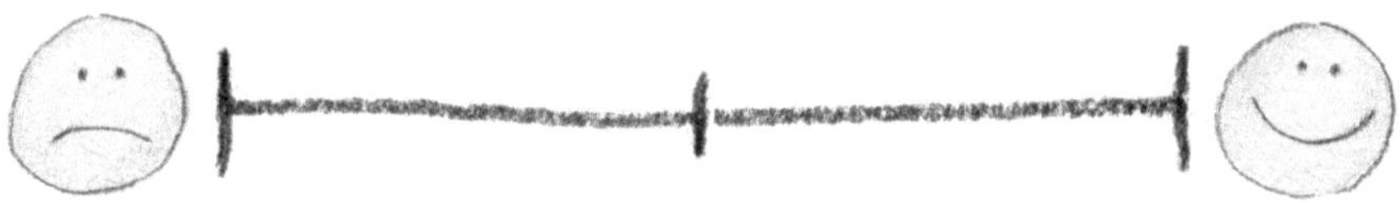

gar nicht zufrieden — sehr zufrieden

Meine Strategie gegen den Juck-Kratz-Kreislauf:

____

____

So zufrieden bin ich mit meiner Strategie gegen den Juck-Kratz-Kreislauf:

gar nicht zufrieden — sehr zufrieden

Meine Strategie gegen den Juck-Kratz-Kreislauf:

____

____

So zufrieden bin ich mit meiner Strategie gegen den Juck-Kratz-Kreislauf:

gar nicht zufrieden sehr zufrieden

Meine Strategie gegen den Juck-Kratz-Kreislauf:

____

____

So zufrieden bin ich mit meiner Strategie gegen den Juck-Kratz-Kreislauf:

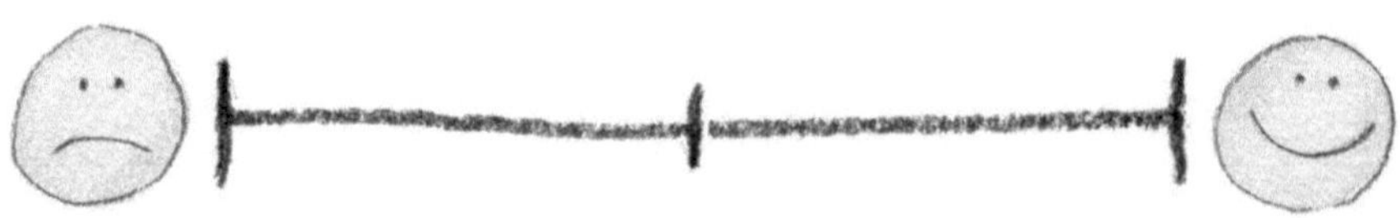

gar nicht zufrieden sehr zufrieden

Wie findest du deine Neurodermitis?

Beurteile, wie du über deine Neurodermitis denkst!

Zeichne auf der Linie ein, wie sehr du dich über deine Neurodermitis ärgerst.

ich ärgere mich total

ich ärgere mich nicht

Beurteile nun, wie sehr du es schaffst, dich nicht mehr zu kratzen.

schaffe es gar nicht

schaffe es sehr gut

Überlege, wie sehr du deine Neurodermitis in den Griff bekommen willst.

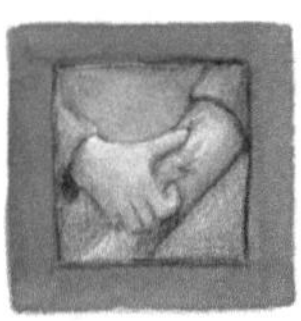

überhaupt nicht

unbedingt

Was verringert den Juckreiz besser als Kratzen?

Schlau ist es, das Entstehen von Entzündungen und Juckreiz von vornherein zu verhindern. Dies funktioniert am besten mit deiner regelmäßigen täglichen Basispflege und deiner persönlichen Strategie, mit betreffenden Auslösern möglichst wenig in Kontakt zu kommen. Dies ist im Alltag oft sehr schwierig. So passiert es, dass du dich am liebsten blutig kratzen möchtest, um den unerträglichen Juckreiz kurzzeitig weniger zu spüren.

Kratzen ist eine Verhaltensweise, die mehr Nachteile als Vorteile bringt! Aus diesem Grund findest du nun Empfehlungen von betroffenen Kindern und Experten, wie du ohne zu kratzen den Juckreiz verringern kannst.

1. Kühlen

Durch das Abkühlen der Haut reduziert sich der Juckreiz

- → Lass kaltes Wasser über die betroffenen Stellen laufen.
- → Lege immer einen Kühlakku oder Cool Bag* in den Kühlschrank, dann kannst du ihn jederzeit rausholen, wenn es juckt.
- → Bei der Verwendung umhülle ihn mit einem frisch gewaschenen Tuch, damit deine Haut nicht erfriert.
- → Einen für Notfälle im Tiefkühlfach verstauten Löffel kannst du auf die juckenden Körperstellen legen. Wechsle die Hautstellen nach ein paar Sekunden, dann benötigst du dafür kein Tuch.
- → Lege im Winter sauberen Schnee auf die juckenden Stellen.
- → Hast du weder Wasser, Kühlakku, Cool Bag noch Löffel zur Verfügung, dann kannst du einen anderen kalten Gegenstand in ein sauberes Tuch einwickeln und auf die juckenden Stellen halten, z.B. eine Dose oder eine Flasche aus dem Kühlregal im Supermarkt.
- → Hast du ein Bettgestell aus Metall, dann kühle in der Nacht deine juckende Haut daran ab.

2. Alternativen zum Kratzen

Diese Alternativen lindern den Juckreiz, ohne die Haut weiter zu verletzen:

- → Drücken der Haut
- → Klopfen der Haut
- → Kneifen der Haut
- → über die Haut streichen
- → Ablenkung durch Sport, Spielen, Musizieren und entspannende Aktivitäten
- → Ablenkung durch ein spannendes Buch

Nun weißt du über verschiedene Verhaltensweisen Bescheid, die sich besser zum Juckreizlindern eignen als Kratzen. Überlege, welche dich davon besonders ansprechen und welche du das nächste Mal zuerst ausprobieren möchtest.

Wie schützt du dich vor dem Kontakt mit Neurodermitis-Auslösern?

Kinder mit Neurodermitis tun sich selber Gutes, wenn sie ihre Haut pflegen und sich vor dem Kontakt mit Neurodermitis-Auslösern schützen.

Folgende Verhaltensweisen helfen dir, typischen Auslösern deiner juckenden Hautkrankheit bewusst aus dem Weg zu gehen:

- ✔ Kaufe keine kratzenden Kleidungsstücke, auch wenn sie dir besonders gut gefallen!
- ✔ Wasche neu gekaufte Kleidungsstücke mehrmals vor dem ersten Tragen!
- ✔ Entferne die Etiketten aus jedem Kleidungsstück, auch die entsprechenden Fäden!
- ✔ Prüfe beim Kleiderkaufen, ob keine rauen Innennähte oder Spitzen zu spüren sind!
- ✔ Verwende ausschließlich Waschmittel, Cremes, Shampoos ohne Farb-, Konservierungs- und/oder Parfumstoffe!
- ✔ Verzichte so oft wie möglich auf die Verwendung von Kosmetika und Make-up-Produkten!
- ✔ Dusche nach sportlichen Aktivitäten, vor allem wenn du schwitzt! Vergiss nicht, dich anschließend einzucremen. Von Vorteil ist, wenn du die Basispflege immer in der Sporttasche mit dabei hast.
- ✔ Habe keinen direkten Kontakt mit Putzmitteln und trage beim Saubermachen Handschuhe!
- ✔ Feuchte im Winter trockene Räume mit Luftbefeuchtern an oder stelle Wasserschalen auf die Heizkörper! Du kannst auch feuchte Tücher über die Heizkörper legen.
- ✔ Tobe dich bei Ärger und Wut mit sportlichen Aktivitäten aus, anstatt dich blutig zu kratzen!
- ✔ Lerne, dich zu entspannen, damit dir Streit und Probleme weniger stark unter die Haut gehen!
- ✔ Erinnere dich an die Entspannungsreise und nimm dir damit eine kurze Auszeit!

Bei Allergien hat sich die Berücksichtigung dieser Empfehlungen bewährt:

Bei Hausstaubmilben-Allergie:

- ✔ Ziehe Allergikerüberzüge über Matratze/Polster/Decke!
- ✔ Verringere die Zahl der Stofftiere! Kannst du dich von deinen kuscheligen Lieblingen nur schwer trennen, koche sie aus oder töte durch Tiefkühlen und anschließendes Waschen die Milben ab! Wichtig: Du darfst niemals lebendige Haustiere in die Tiefkühltruhe oder in den Kochtopf geben!
- ✔ Entferne Teppiche und dicke Vorhänge aus deinem Schlafzimmer! Sauge und wische den Boden deines Zimmers regelmäßig! Optimal wäre es, dies jeden zweiten Tag zu tun.

Bei Tierhaar-Allergie:

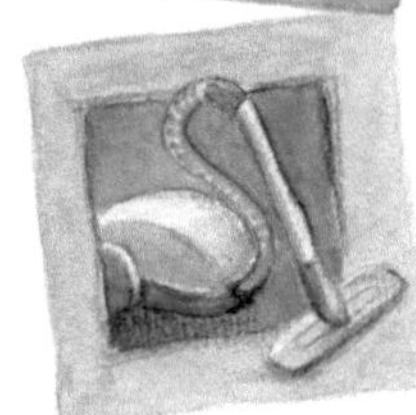

- ✔ Meide den direkten Kontakt und das Knuddeln dieser Tiere!
- ✔ Sauge die Böden regelmäßig!

Bei Pollen- und Gräser-Allergie:

- ✔ Erkundige dich rechtzeitig, wann die Pflanzen blühen, auf die du allergisch reagierst. Die Belastung durch den Pollenflug ist abhängig vom Ort und der Zeit. Auf dem Land ist die höchste Pollendichte in den frühen Morgenstunden (4.00 – 6.00 Uhr), in der Stadt abends (18.00 – 24.00 Uhr). Aktuelle Informationen erhältst du bei den lokalen Pollenwarndiensten.

Wende im jeweiligen Zeitraum diese Strategien an:

- ✔ Öffne am Land in den Abendstunden und in der Stadt in den Morgenstunden deine Fenster!
- ✔ Montiere Pollengitter vor deinen Fenstern!
- ✔ Lege deine Kleidung ab und wasche dir die Haare vor dem Zubettgehen und nachdem du im Freien warst!

Allgemeine Empfehlung: Fordere die Menschen in deiner Umgebung auf, in deiner Anwesenheit nicht zu rauchen!

Was haben Gefühle mit Neurodermitis zu tun?

Gefühle sind unsichtbar und können nicht angefasst werden. Sie werden durch Worte, Ereignisse, Eindrücke und die Art des Umgangs zwischen Menschen ausgelöst. Wenn uns Menschen etwas berührt, erleben wir in unserem Körper ein bestimmtes Gefühl. Das kann beispielsweise Freude, Trauer, Ärger, Angst, Stress oder Verzweiflung sein.

Die meisten Gefühle sind Menschen ins Gesicht geschrieben, außer sie werden absichtlich nicht gezeigt. Wer aufmerksam ist, merkt meist, wie es dem Gegenüber geht:

Nervosität ist leicht an roten Flecken im Gesicht erkennbar.

Wut lässt Personen rot wie eine Tomate anlaufen.

Anstrengung treibt Menschen den Schweiß auf die Stirn.

Bei Traurigkeit ist alles schwer, weshalb die Mundwinkel nach unten weisen.

Im Unterschied dazu zaubern schöne Gefühle wie Stolz und Freude ein Lächeln auf den Mund und lassen die Augen strahlen.

Kinder erleben täglich verschiedene Gefühle und manchmal ist ein bisschen von allem dabei. Kinder mit Neurodermitis sollen ihre Gefühle besonders gut wahrnehmen und steuern können. Schließlich reagiert ihre Haut äußerst empfindsam auf starke Gefühle.

Folgende Situationen sind meist mit intensiven Gefühlen verbunden:

angenehmer Stress (z.B. Vorbereitungen für die Geburtstagsfeier)

unangenehmer Stress (z.B. Lernen für eine schwere Prüfung)

Vorfreude (z.B. auf Urlaub, Übernachten bei einem Freund/einer Freundin)

Kummer (z.B. Streit mit Freunden oder Eltern, Misserfolg)

Erleben von Abwertung und Ausgrenzung (z.B. verletzende Sprüche von Mitschülern, Außenseiter-Rolle in der Klassengemeinschaft)

Schlechte Nachrichten, die belasten (z.B. Schulwechsel, Umzug, Tod eines geliebten Menschen oder eines Haustieres, Scheidung/ Trennung der Eltern)

Erleben von Verzweiflung (z.B. durch Hilflosigkeit, bei Missgeschicken)

Erleben von körperlicher Anspannung (z.B. durch Stress, Sorgen, Aufregung, Angst)

Wie kannst du deine Gefühle wahrnehmen und steuern?

Starke Gefühle können bei von Neurodermitis Betroffenen einen Krankheitsschub auslösen oder den Juckreiz verstärken. Deshalb sollst du wissen, was dir besonders unter die Haut geht und wie du mit stürmischen Gefühlen gut klarkommen kannst. Das ist eine von mehreren Möglichkeiten, das Auftreten von Neurodermitis und den unangenehmen Juckreiz positiv zu beeinflussen.

Gefühle begleiten dich und deine Mitmenschen rund um die Uhr. Deine Stimmung, deine momentane Lebenssituation, das Meistern der größeren und kleineren Herausforderungen im Alltag ist immer mit Gefühlen verbunden. Manchmal wirst du sie deutlicher, dann wieder weniger stark empfinden.

Gemeinerweise leidet deine Neurodermitis-Haut auch unter den besonders angenehmen Gefühlen. Von Vorteil ist, wenn du weißt, welche Gefühle stark unter deine Haut gehen.

Folgende Fragen können dir bei der Beantwortung hilfreich sein:

- ➔ Welche Gefühle erlebst du besonders häufig?
- ➔ In welchen Situationen treten diese Gefühle auf?
- ➔ Welche Gefühle bringen dich aus dem Gleichgewicht?
- ➔ Was machen stürmische Gefühle mit dir?
- ➔ Nach welchen Gefühlen bemerkst du eine Verschlechterung deines Hautbildes?
- ➔ Bei welchen Gefühlen hat deine Haut besonders stark gejuckt?
- ➔ Auf welche Gefühle hat deine Haut nicht reagiert?
- ➔ Was stimmt dich besonders betroffen?
- ➔ Welche Erlebnisse oder Vorstellungen machen dich verletzlich und empfänglich für starke Gefühle?

Als Nächstes kannst du dir überlegen, wie du bisher auf Gefühle, welche einen Schub verschlimmert haben, reagiert hast:

- ➙ Was tust du, wenn du erfreut bist?
- ➙ Was tust du, wenn du traurig bist?
- ➙ Was tust du, wenn du verärgert bist?
- ➙ Was tust du, wenn du ängstlich bist?
- ➙ Was tust du, wenn du gestresst bist?
- ➙ Was tust du, wenn du verzweifelt bist?
- ➙ Welche Reaktionen Anderer haben dir gut getan?
- ➙ Welche Reaktionen Anderer haben deine Gefühle verschlimmert?
- ➙ Wer oder was hat dazu beigetragen, dass du deine Gefühle wieder ins Gleichgewicht bringen konntest?

! Hast du mehr Klarheit über die Auslöser von starken Gefühlen und ihre Auswirkungen auf deine Haut gewonnen? Wunderbar!

Nun bedarf es nur noch einiger Ideen dazu:

- ➙ Woran kannst du künftig erkennen, welche stürmischen Gefühle im Anmarsch sind?
- ➙ Welche Verhaltensweisen deinerseits helfen dir, die Gefühle deiner Haut zuliebe in Schach zu halten?
- ➙ Welche Verhaltensweisen deiner Eltern helfen dir, deine Gefühle hautverträglich zu dosieren?

Mit ein bisschen Durchhaltevermögen und Übung wirst du rasch deine Gefühle besser wahrnehmen und gut steuern können. Dadurch wirst du dich handlungsfähiger und zufriedener erleben.

Wie kannst du dich entspannen?

Entspannung hilft dem Körper zur Ruhe zu kommen, auch verringert sie starke Gefühle oder das Erleben von Aufgewühltheit. Darüber hinaus fördert Entspannung das Wohlbefinden.

Entspannung ist möglich, wenn es dir gelingt, die Anzahl deiner Gedanken für ein paar Momente zu verringern. Dazu tragen auch eine ruhige Atmung und eine geräuscharme Umgebung bei.

Wenn deine Gedanken im Kopf weniger und deine Muskeln im Körper lockerer werden, erreichst du einen entspannten Zustand. Diesen kannst du leichter hervorrufen, wenn du für dich klangvolle, ruhige Musik hörst, vor dich hinträumst, gemütlich in der Hängematte liegst oder mehrmals tief ein- und ausatmest.

Auch Tätigkeiten, wie malen, Gedichte schreiben, musizieren, Freunde treffen, ein Spiel spielen oder ein angenehmes Gespräch führen, erzeugen Gefühle von Entspannung.

Finde heraus, wo und wie du dich am besten ausruhen kannst. Versuche vor allem am Wochenende ausreichend Gelegenheit zur Entspannung zu haben, dann fühlst du dich montags bis freitags ausgeglichener. Hast du an einem Wochentag das dringende Bedürfnis nach Entspannung, dann hole sie dir!

Wie kannst du mit Hänseleien umgehen?

Viele Kinder haben Freude daran, andere zu ärgern, sie bloßzustellen oder auszugrenzen. Oftmals tun sie das, um von sich abzulenken oder um sich überlegen zu fühlen. Eigentlich sind sie arme Würstchen, weil sie sich überwiegend an vermeintlichen Schwächen Gleichaltriger orientieren. Trotzdem können viele Kommentare und Verhaltensweisen Kinder mit Neurodermitis kränken, verletzen, bekümmern, einsam, traurig, zornig oder hilflos machen und dazu veranlassen, mehr Zeit in den eigenen vier Wänden als mit anderen Kindern zu verbringen.

Sicherlich fallen dir einige unangenehme Erlebnisse mit Gleichaltrigen oder Klassenkameraden ein, die mit deiner Hauterkrankung zu tun haben. Daher sollst du einen Weg finden, wie du mit Hänseleien umgehst. Nachfolgende Fragen sollen dich auf Ideen bringen. Versuche, sie zu beantworten:

- Welche Sprüche verletzen dich am meisten?
- Welche Verhaltensweisen verletzen dich am meisten?
- Gibt es Personen, die dich vor blöden Sprüchen oder gemeinen Verhaltensweisen anderer schützen? Wenn ja, wie machen sie es?
- Hänselt dich immer das gleiche Kind oder sind es verschiedene Kinder?
- In welchen Situationen wirst du besonders angegriffen?
- Wie hast du dich bisher gewehrt?
- Wie hat deine Strategie funktioniert auf einer Skala von 0 bis 10 (0 = gar nicht, 10 = sehr)?
- Wie kommt es, dass du aufgehört hast, dich zu wehren?
- Was muss passieren, damit du weniger oft angegriffen wirst?
- Wenn du wie durch ein Wunder eine bestimmte Fähigkeit bekommen könntest, mit der du dich besser wehren kannst, welche Fähigkeit wäre es?
- Was kannst du tun, um weniger oft Zielscheibe von blöden Sprüchen oder Ausgrenzung zu sein?

Im Verhalten anderer lässt sich meist mit ein wenig Beobachtung ein Muster erkennen. Dieses läuft fast immer gleich ab. Es ist wie in einem sich wiederholenden Film. Überlege dir, an welchen Stellen du das Drehbuch umschreibst. Das heißt, mache dir einen Plan, wie du dich künftig in einer dir bekannten Situation anders als sonst verhältst.

Probiere aus, welches Verhalten von dir die größte Wirkung erzielt und dich am meisten zufriedenstellt. Wiederhole das wirkungsvolle Verhalten regelmäßig und lass dich nicht davon abbringen. Du wirst sehen, dein Verhalten wirkt sich auf den Umgang anderer mit dir positiv aus.

Falls du merkst, dass dich etwas bekümmert oder beschäftigt und du weißt nicht, was, dann setze diese Problemlösestrategie ein:

1.
Was hat dich traurig, verärgert oder unzufrieden gemacht?

2.
Was ist dein Problem? Versuche, es in einen Satz zu fassen, z.B. „Mich ärgert, dass niemand im Sport mein Partner sein wollte.“

3.
Was muss passieren, damit dein Problem verschwindet oder dich weniger stark bekümmert?

4.
Welche Fähigkeiten oder Strategien können dir bei der Problemlösung helfen?

5.
Woran merkst du, dass dein Problem gelöst ist?

Die vorgeschlagene Art, über Probleme nachzudenken, hilft dir, rascher Auswege zu finden und dein Wohlbefinden zurückzugewinnen.

Wobei kann dir dein Kinderarzt oder deine Kinderärztin helfen?

Oftmals weist vieles an deiner Haut darauf hin, dass du Neurodermitis hast. Dein Kinderarzt oder deine Kinderärztin sind Spezialisten und können deinen Eindruck prüfen. Ebenso erfährst du durch sie, worauf du allergisch reagieren könntest, wie du dich im Alltag günstig verhalten sollst und welche Medikamente dir helfen.

Es gibt verschiedene Methoden, zu testen, worauf du allergisch reagierst:

- ✔ Eine Möglichkeit ist die Untersuchung einer Blutprobe von dir. Dazu wird dir ein bisschen Blut abgenommen und dieses wird im Labor genau geprüft (RAST-Test*).
- ✔ Eine andere Möglichkeit ist es, bestimmte Lösungen auf deine Haut aufzutragen und mit einer Spezialnadel mit einer ganz kleinen Spitze in die oberste Hautschicht einzubringen. Dies schmerzt nicht, du spürst nur einen kurzen Piekser. Anschließend wird gewartet, ob deine Haut gegen diese Stoffe mit einer Entzündungsreaktion ankämpft, indem sie rot wird und zu jucken beginnt (Prick-Test*).
- ✔ Eine andere Untersuchungsmethode ist, vermutete Allergene (z.B. eine Gesichtscreme, auf die du wahrscheinlich allergisch reagierst) mit einer Fettsalbe vermischt auf die Haut aufzutragen, mit einem Pflaster zu versehen und die Reaktion der Haut abzuwarten.

Dein Arzt/deine Ärztin wird bestimmen, welche Methode für dich die beste ist, um mit dir die Stoffe zu entdecken, auf die dein Körper mit einem Neurodermitis-Schub reagiert. Erst dann wird von einer Allergie gesprochen.

Dein Hautarzt/deine Hautärztin wird dir wahrscheinlich auch viele Fragen, wie beispielsweise diese, stellen:

- ✔ Hast du jemals nach dem Essen von Orangen verstärkten Juckreiz gespürt?
- ✔ Wenn du mit dem Hund deiner Oma knuddelst, verschlechtert sich am gleichen Tag dein Hautbild?
- ✔ Merkst du Ärger mit deinen Freunden und Aufregung vor einem Test auch an deiner Haut?

In weiterer Folge wirst du lernen, zu erkennen, welche Basispflege und Hilfe deine Haut wann benötigt und welches Medikament dir am besten gegen Entzündungen hilft.

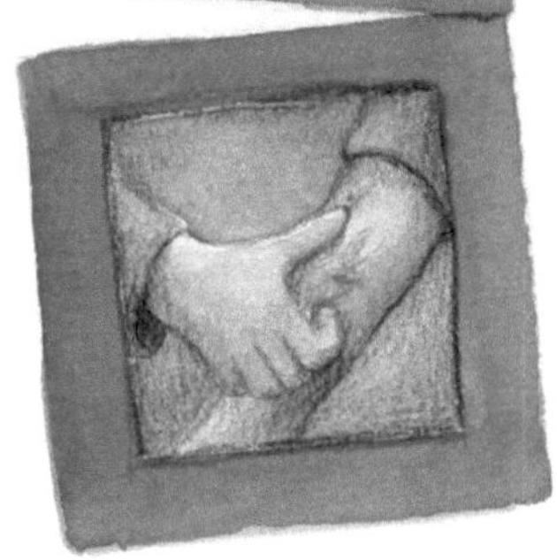

Zu Beginn sind Kontrollen häufiger notwendig und du wirst deinen Arzt/deine Ärztin öfters im Jahr besuchen. Diese Kontrollen dienen zur Überprüfung, ob dir die vom Arzt/von der Ärztin verordnete Behandlung hilft.

Es ist wichtig, dass du auf ärztliche Fragen ehrliche Antworten gibst, z.B. wie häufig du dich eingecremt hast, wie oft du nicht dazugekommen bist und wann du besonders viel gekratzt hast. Behältst du diese wichtigen Informationen für dich, kann dir weniger gut geholfen werden.

Wobei können dir PsychologInnen oder PsychotherapeutInnen helfen?

PsychologInnen* und PsychotherapeutInnen* können dir helfen, wenn ein Problem zu groß für dich wird und du nicht mehr alleine damit zurechtkommst. Ein Problem wird dann zu groß, wenn du weniger und schlechter schläfst, keine Lust mehr hast, Freunde zu treffen oder zu spielen, wenn du unkonzentriert, schlecht gelaunt, traurig, leicht reizbar oder wütend bist.

Durch bestimmte Fragen, Übungen, Geschichten und sogar durch Spiele tragen sie zu neuen Erkenntnissen über dich selbst, deine Erkrankung und deinen Umgang damit bei. Diese Fachleute können für dich gute Zuhörer sein und dich auf neue Ideen bringen. In gemeinsamen Gesprächen mit deinen Eltern würde beispielsweise überlegt werden, wie ihr mit deiner Erkrankung klarkommt und wer wodurch hilfreich sein könnte.

Bei Schüchternheit, Problemen mit Mitschülern, Streit mit Eltern und/oder Freunden sowie bei Stress in der Schule können sie dir ebenso zur Seite stehen. Und zwar, indem sie mit dir herausfinden, welche Dinge in deinem Leben besser, einfacher und schöner sein sollen. Indem du deine Fähigkeiten kombinierst und neue entwickelst, kannst du Kummer, Probleme und Sorgen verringern oder sogar zum Verschwinden bringen.

PsychologInnen und PsychotherapeutInnen sind wie du nur Menschen, deshalb sind dir manche sympathischer und lieber als andere. Dieser Unterschied ist enorm wichtig. Denn nur jener Person, die du magst, wirst du von deinen Gefühlen und Sorgen erzählen können und wollen. Achte also darauf, dass du jemanden findest, den du magst und bei dem positive Veränderungen geschehen. Bleibt der Erfolg aus und gehst du nur ungern zu den Terminen, teile das unbedingt deinen Eltern mit. Ziemlich sicher finden sie jemanden, der besser zu dir passt. Behalte auch in Erinnerung, dass diese ExpertInnen für Probleme ohne deine Mithilfe kaum etwas verändern können.

Mach dich
schlau!

Was fällt dir zur Krankheit Neurodermitis ein?

Neurodermitis ist eine Erkrankung, die sich auf jeden Einzelnen anders auswirkt. Wenn du an Neurodermitis denkst, was fällt dir dazu ein? Umkreise die auf dich zutreffenden Sprechblasen! In die leeren Sprechblasen kannst du weitere Begriffe schreiben oder Bilder zeichnen.

TERMINE BEIM PSYCHOLOGEN/ BEI DER PSYCHOLOGIN
DURCH-HALTE-VERMÖGEN
AUSLÖSER VERMEIDEN
EINSAMKEIT
SCHMERZ
KONFLIKTE
EXPERTE FÜR NEURODERMITIS SEIN
PUSTELN
KRANK SEIN
AUS-GRENZUNG
HAUT-PROBLEME
VERZICHT
EINSCHRÄNKUNGEN

Wo zeigt sich deine Neurodermitis am häufigsten?

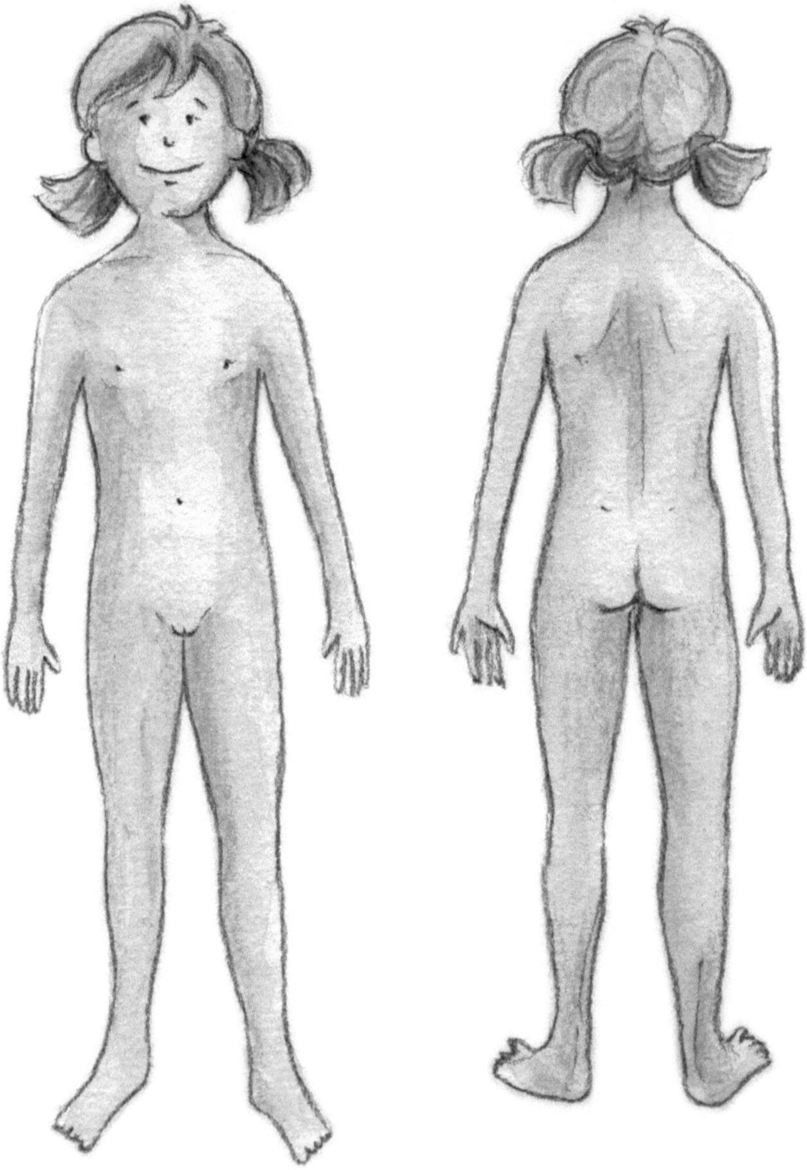

Schau dich im Spiegel an oder erinnere dich, an welchen Körperstellen sich deine Neurodermitis am häufigsten zeigt. Markiere diese Stellen farbig!

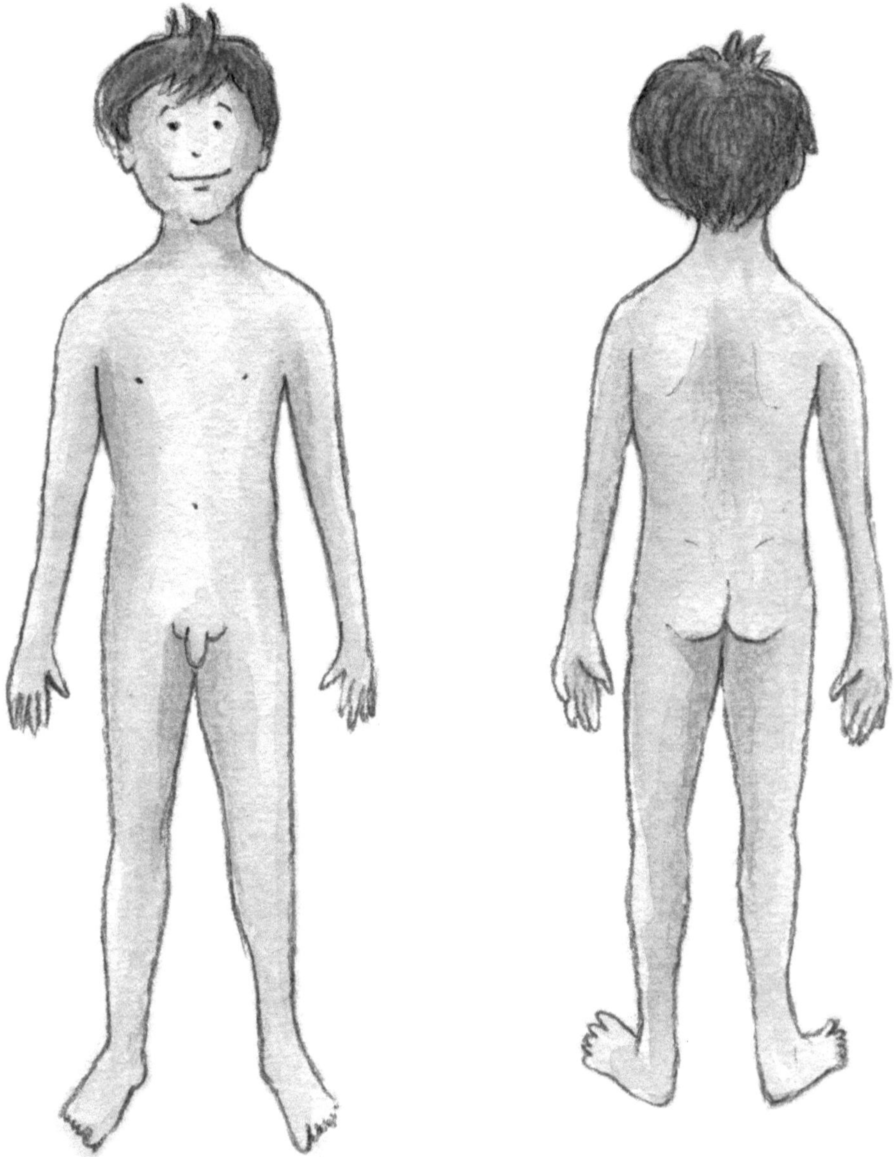

Worauf reagiert deine Haut empfindlich?

Überlege, worauf deine Haut empfindlich reagiert. Umkreise die auf dich zutreffenden Auslöser! In die leeren Sprechblasen kannst du weitere Begriffe schreiben oder Bilder zeichnen.

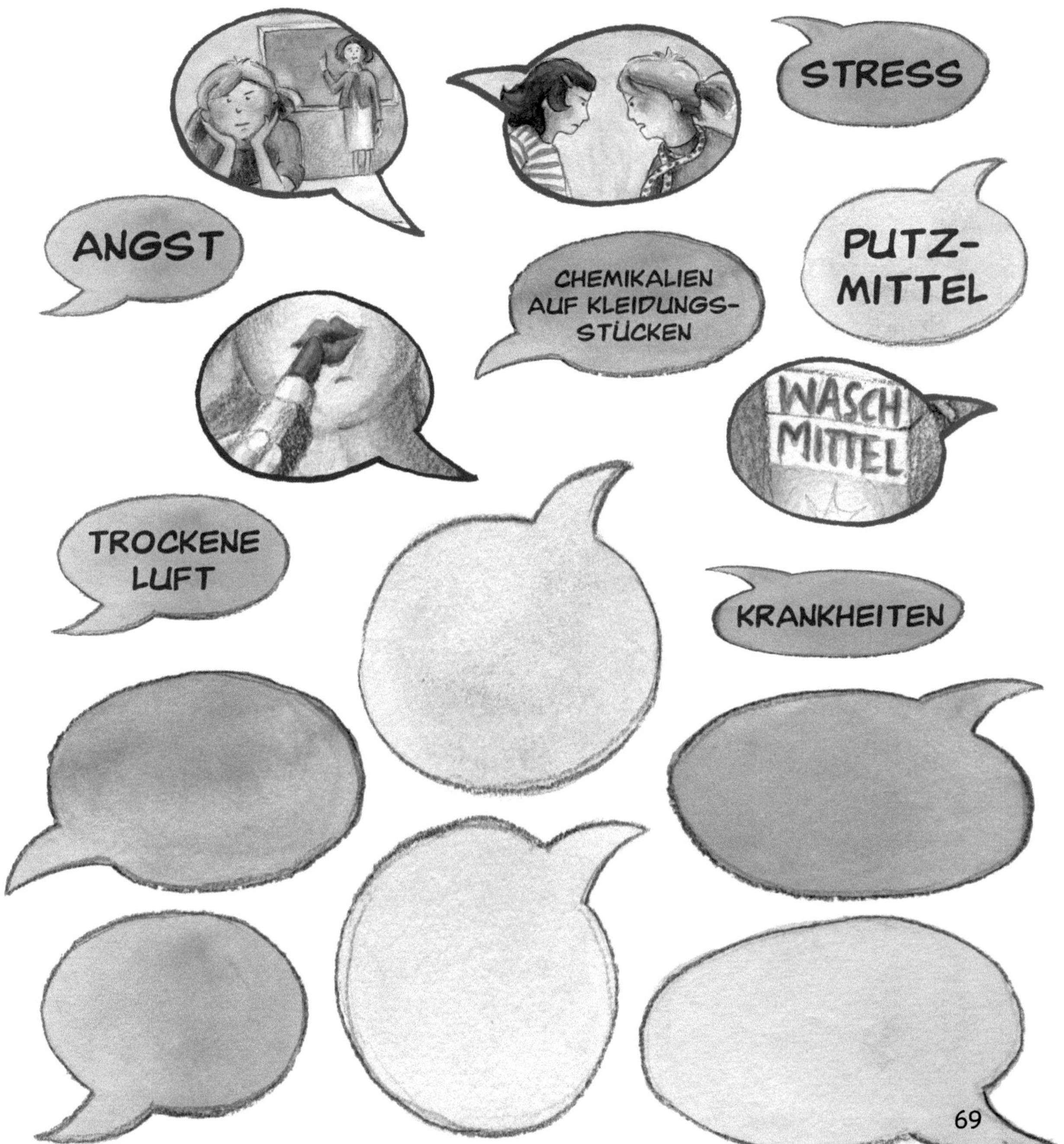
STRESS
ANGST
PUTZ-
MITTEL
CHEMIKALIEN
AUF KLEIDUNGS-
STÜCKEN
WASCH
MITTEL
TROCKENE
LUFT
KRANKHEITEN

Wie fühlst du dich?

Neurodermitis kommt schubweise. Wie fühlst du dich, wenn sie da ist? Umkreise die auf dich zutreffenden Gefühle! In die grünen Felder kannst du weitere Gefühle zeichnen oder hineinschreiben.

○ Scham

○ Erschöpfung

○ Ärger

○ Stress

○ Traurigkeit

○ Verzweiflung

○ Freude

Welche Konflikte gehen dir besonders unter die Haut?

Überlege, welche Konflikte dich besonders aufwühlen und Neurodermitis auslösen. Bringe sie in die für dich passende Reihenfolge! Nummeriere sie im weißen Kreis von 1 (geht mir besonders unter die Haut) bis 4 (ist mir egal). Ins rote Feld kannst du eine persönliche Konfliktsituation zeichnen oder hineinschreiben.

Was musst du dir alles anhören?

Neurodermitis bringt Andere dazu, sich über Betroffene lustig zu machen. Oft werden blöde Sprüche losgelassen, die dich verletzen.

Welche Sprüche hörst du besonders oft? Schreibe sie in die Sprechblasen! Zeige durch Unterstreichen, welche Aussagen dich besonders kränken!

Wie reagierst du auf blöde Sprüche?

Höre in dich hinein und finde heraus, wie du dich künftig bei blöden Sprüchen verhalten kannst! Kreuze jene Strategien an, die dir zusagen!

Wie löst du ein Problem?

Erst wenn Probleme erkannt werden, können sie gelöst werden. Versuche, ein bestimmtes Problem von dir in der vorgegebenen Reihenfolge zu meistern.

1. Was ist dein Problem?

___

___

2. Was macht dein Problem mit dir?

___

___

3. Welche Lösungen gibt es für dein Problem?

___

___

4. Welche Lösung ist die beste für dich?

___

___

5. Wer oder was kann dich beim Problemlösen unterstützen?

___

___

6. Woran wirst du merken, dass deine Problemlöse-Strategie funktioniert?

___

___

Wo und wie schränkt dich die Neurodermitis ein?

Deine Hauterkrankung kommt und geht, je nachdem wie gut du für deine Haut sorgst und Auslöser meidest. Doch wo und wie schränkt dich die Neurodermitis in deinem Leben ein? Schreibe und/oder zeichne deine Gedanken auf!

Was mögen andere an dir?

Versuche, dich mit den Augen deiner Eltern, deiner Geschwister, deiner Freunde oder anderer dir nahestehender Personen zu sehen. Überlege, was sie an dir mögen oder an dir klasse finden! Schreibe deine Ideen auf!

Was magst du an dir?

Wichtig ist, dass du dich trotz Neurodermitis magst. Finde heraus, welche Körperstellen, Fähigkeiten und Einstellungen du an dir magst! Schreibe sie auf!

Wie gerätst du in den Juck-Kratz-Kreislauf?

Wie ist es bei dir? Wie entsteht bei dir ein Juck-Kratz-Kreislauf? Schreibe oder zeichne die Auslöser in die Sprechblase!

Wie unterbrichst du den Juck-Kratz-Kreislauf?

Das Jucken ist äußerst unangenehm. Überlege, was du tun kannst, um den Kreislauf zu unterbrechen! Schreibe oder zeichne deine Ideen in das graue Feld.

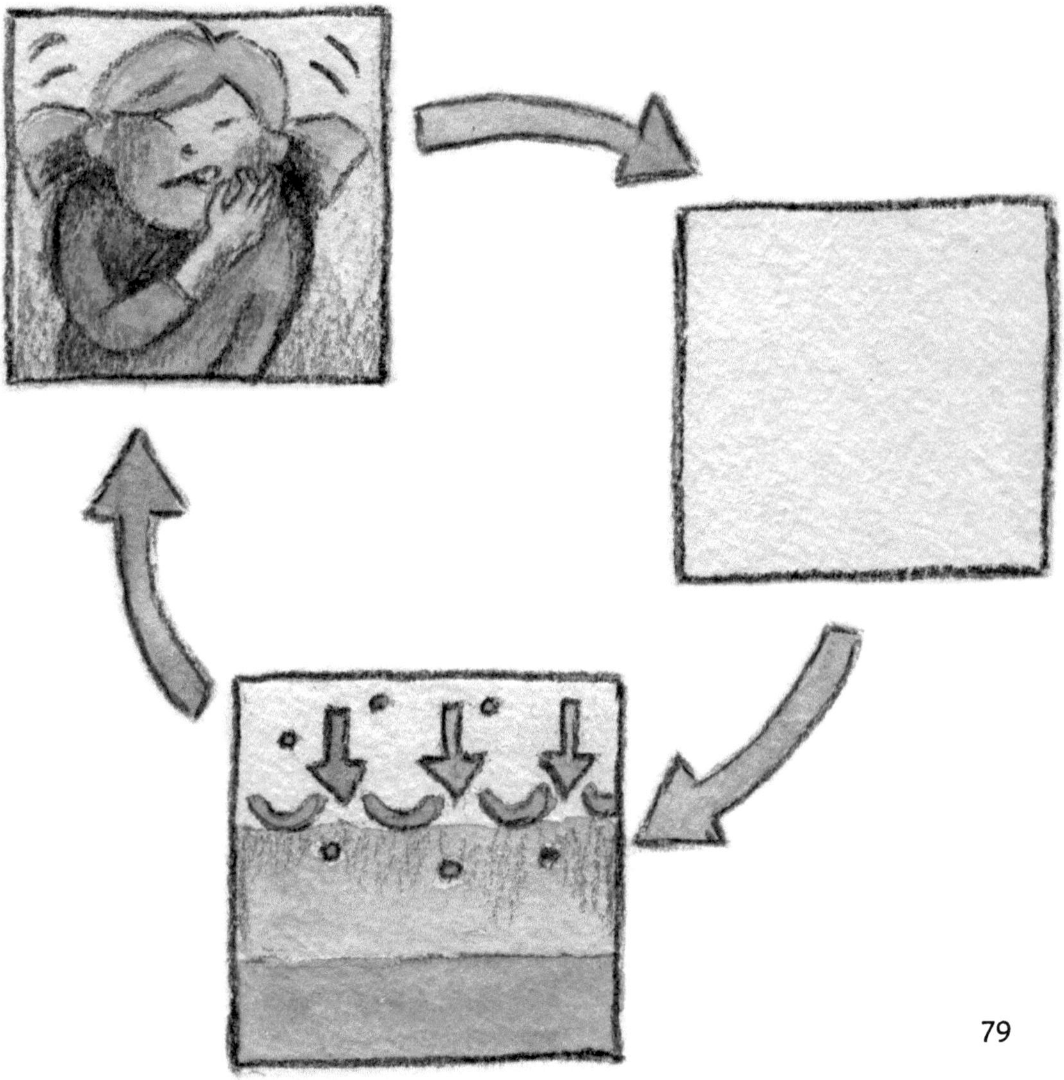

Was wirkt besser als das Kratzen?

Kratzen mildert den Juckreiz nur kurzzeitig. Was sind deine Strategien, um das Jucken zu verringern? Schreibe und/oder zeichne deine Ideen in die Sprechblasen!

Such dir eine kratzfreie Zone aus!

Kopiere dir das Blatt mehrmals. Entscheide dann, an welcher kleinen Körperstelle du in der nächsten Woche aufhörst zu kratzen. Zeichne diese Zone in das jeweilige Bild ein! Schreibe anschließend die Strategie dazu auf, die du anstelle des Kratzens ausprobieren möchtest!

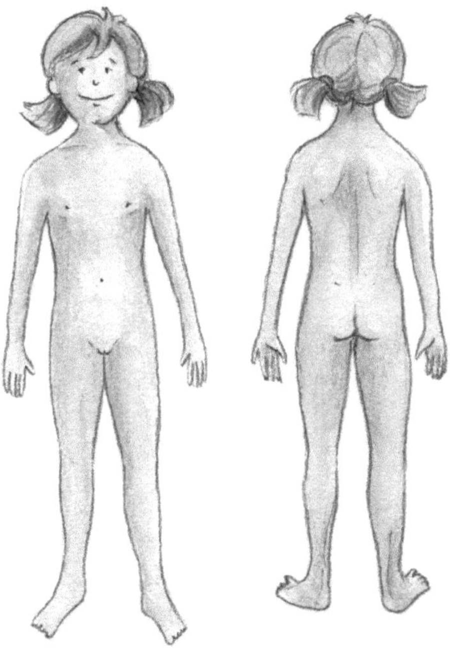

Meine Anti-Kratz-Strategie:

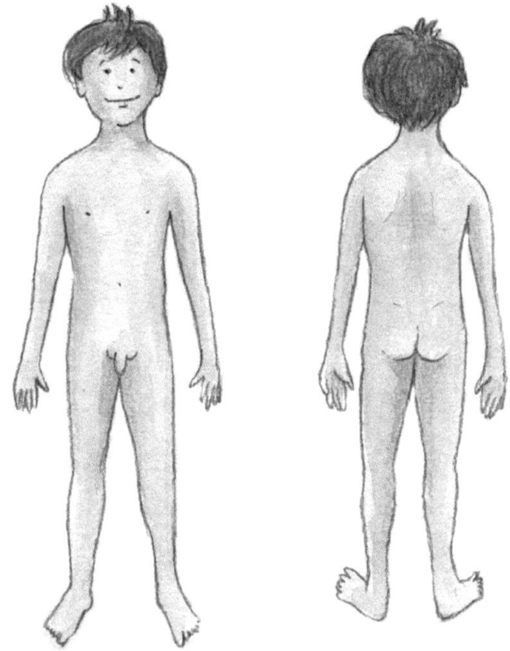

Meine Anti-Kratz-Strategie:

Wie sieht dein Ampelplan aus?

Deine Neurodermitis-Haut hat spezielle Bedürfnisse, je nachdem in welcher Erkrankungsphase sich deine Haut befindet. Entwickle deinen persönlichen Ampelplan, um künftig rascher einzuschätzen, was deine Haut wann benötigt! Lasse dir von deinem Arzt/deiner Ärztin und deinen Eltern dabei helfen!

So sieht meine Haut aus			
Das mache ich derzeit für meine Haut			
Das kann ich künftig für meine Haut tun			

Wie war dein Tag?

Kopiere dir diesen Wochenplan. Bewerte jeweils am Abend, wie dein Tag war! So wirst du rasch zu einem Experten/einer Expertin für Neurodermitis. Außerdem bekommst du einen viel besseren Überblick über Veränderungen.

Wie verlief dein Tag?

Wie war deine Laune?

Wie gestresst warst du?

Wie sehr hast du dich aufgeregt?

Wie gut und wie oft hast du dich eingecremt?

Wie sehr hat es dich von Kopf bis Fuß gejuckt?

Wie stark hast du dich gekratzt?

Wie gut ist es dir gelungen, Auslöser zu vermeiden?

Jutta juckt's nicht mehr

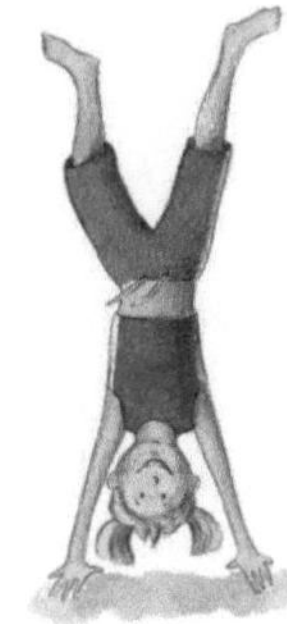

Melodie & Text: Caroline Oblasser
Opus 123 • Kratz-Dur

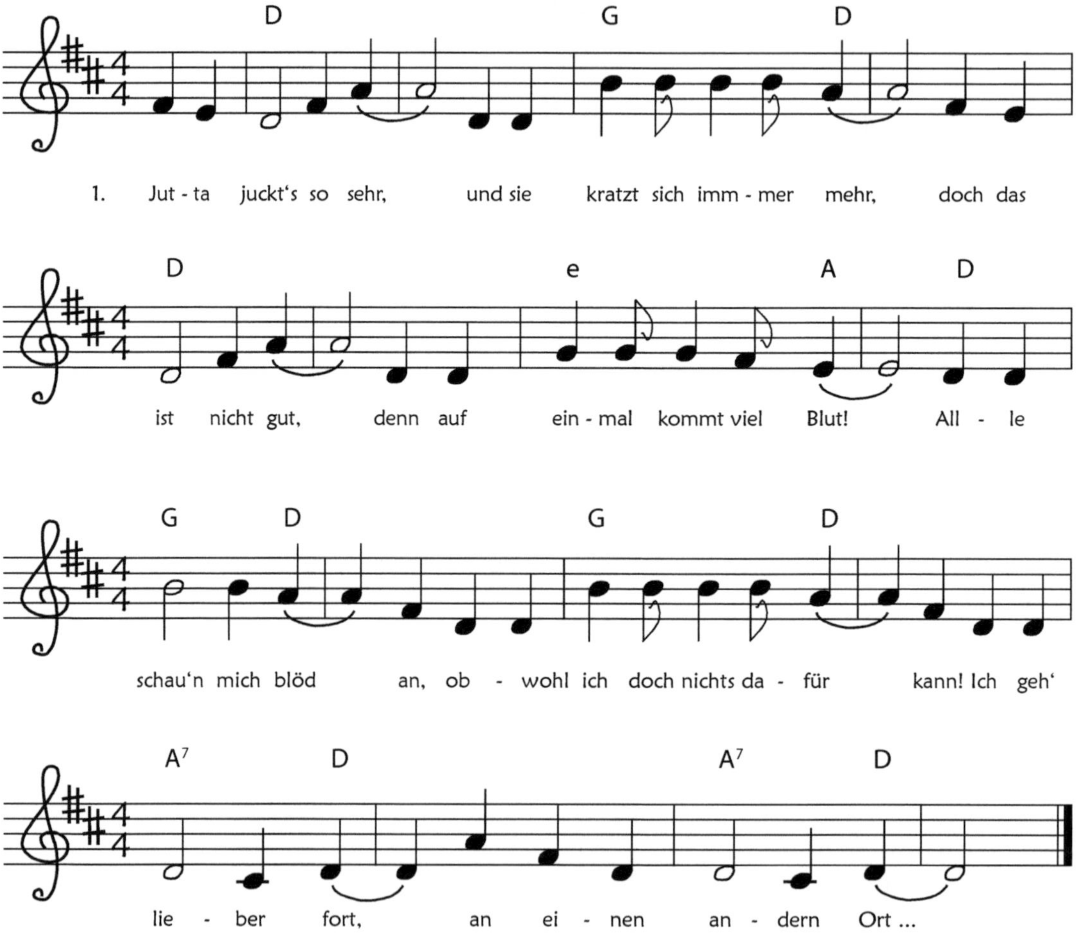

1. Jutta juckt's so sehr,
und sie kratzt sich immer mehr,
doch das ist nicht gut,
denn auf einmal kommt viel Blut!
Alle schau'n mich blöd an,
obwohl ich doch nichts dafür kann!
Ich geh' lieber fort,
an einen andern Ort...

2. Jutta juckt's total,
und sie kratzt sich wieder mal,
doch das tut nicht gut,
und die Jutta kriegt 'ne Wut
Was soll ich jetzt machen?
Ich kann nicht darüber lachen!
Ich geh' lieber fort,
an einen andern Ort...

3. Jutta juckt's brutal,
und sie kratzt sich überall,
doch dann fällt ihr ein,
das hier kann viel besser sein:
Wenn ich mich ablenke
und an schöne Dinge denke,
geht das Jucken fort,
an einen andern Ort!

4. Jutta juckt's nicht mehr,
alle schau'n ihr hinterher,
sie ist wunderschön,
das kann jeder hier jetzt seh'n!
Endlich kann ich lachen,
lauter schöne Dinge machen,
es juckt nimmermehr,
ich freue mich so sehr!

Antworten zu den Fragen auf Seite 18

1) Was bringt Jutta dazu, ihre Haut beinahe blutig zu kratzen?
Der Juckreiz.

2) Worauf reagiert Philipp allergisch?
Er reagiert allergisch auf Orangen, Katzenhaare und Milch.

3) Welche Krankheit hat Jutta?
Sie hat Neurodermitis.

4) Wodurch bekommt Jutta immer wieder einen juckenden Hautausschlag?
Wenn sie Nüsse oder Orangen isst oder mit dem Kot von Hausstaubmilben oder Gräserpollen in Kontakt kommt. Fühlt sie sie sich zornig, traurig, wütend oder gestresst, dann reagiert ihre Haut ebenso mit einem juckenden Hautausschlag.

5) Was kaufen Juttas Eltern gegen die Hausstaubmilben?
Sie kaufen für Jutta jeweils zwei Spezialüberzüge für Matratze und Kopfpolster, damit sie nicht nur daheim, sondern auch an den Wochenenden bei Papa gut schlafen kann.

6) Was hilft Juttas Haut besser als kratzen?
Indem sie mit den Fingerkuppen vorsichtig über ihre Haut klopft und streichelt.

Sachinformationen
für Eltern

Was ist Neurodermitis?

Die gängigsten Bezeichnungen für Neurodermitis sind „atopisches Ekzem", „atopische Dermatitis" oder auch „endogenes Ekzem". Atopie beschreibt eine vererbte Anlage, auf gewisse Stoffe (z.B. Gräserpollen, Kot der Hausstaubmilben, Nahrungsmittel) überempfindlich zu reagieren und zu Allergien zu neigen. Diese angeborene Überempfindlichkeit bleibt ein Leben lang bestehen. Neurodermitis ist eine chronische, entzündliche Erkrankung der Haut und läuft in Schüben ab. Dadurch lässt sich schwer vorhersagen, wie das Hautbild am nächsten Tag sein wird und, vor allem, wie sehr die jeweilige Therapie wirkt. Denn es fehlt der Vergleich, wie sich das Hautbild in der jeweiligen Situation ohne die medikamentöse Behandlung entwickelt hätte, außer man führt einen Halbseitenversuch durch. Das heißt eine Körperhälfte wird mit dieser Therapie versorgt, die andere bleibt ohne.

Vielleicht sind Sie als Mutter, Vater – oder ein anderes Familienmitglied – von Neurodermitis betroffen oder Sie leiden an einer anderen der atopischen Erkrankungen, wie Asthma bronchiale, Heuschnupfen und Allergien. Aufgrund der Chronizität kann nur durch die Einhaltung der Behandlungsempfehlungen und durch den positiven Umgang der Familie mit der Erkrankung die Anzahl und Intensität der Schübe günstig beeinflusst werden.

Wie wird Neurodermitis festgestellt?

Bereits Säuglinge sind betroffen und zeigen den typischen Milch-Schorf*, einen trockenen, meist schuppenden Ausschlag an der Kopfhaut. Mit Einführung der Breikost zeigen sich oft Verschlechterungen des Hautbildes durch den erstmaligen Kontakt und anschließende allergische Reaktionen auf Nahrungsmittel. Bei Neurodermitis treten folgende Krankheitszeichen auf:

- Juckreiz
- schubweiser und chronischer Verlauf
- Veränderungen des Hautbildes
- Rötungen
- Einrisse
- trockenes, leicht schuppiges Hautbild
- Bläschen
- Pusteln
- Knötchen
- Narben

Eine Allergie zeigt sich als überschießende Abwehrreaktion des Körpers erst beim zweiten Kontakt mit dem Allergen.

Beim Neurodermitiker präsentiert sie sich als Entzündung an der Haut. Beim ersten Kontakt bildet das Immunsystem Antikörper* gegen dieses Allergen. Diese Antikörper heißen „Immunglobuline E" (IgE) und können zwar im Blut nachgewiesen werden, doch erst eine übertriebene Reaktion* des Kindes auf ein Allergen bestätigt das Vorliegen einer Allergie.

Zur genauen Abklärung der Allergien Ihres Kindes gibt es für jedes Alter die passenden Testverfahren, über die Sie Ihr Kinderarzt/Ihre Kinderärztin am besten informieren kann. Doch die Allergiediagnostik ist sehr komplex und auch mit den besten Testverfahren lassen sich nicht alle Allergene bestimmen.

Ihr Kinderarzt/Ihre Kinderärztin kann auf diese Weise die Diagnose Neurodermitis stellen:

1. Untersuchung des Kindes von Kopf bis Fuß

- Es wird nicht nur das Hautbild an sich untersucht, sondern eine gesamte kinderärztliche Untersuchung durchgeführt. Ergeben sich Hinweise auf andere atopische Erkrankungen, wie z.B. Asthma bronchiale, dann sollte die Lungenfunktion überprüft werden.

2. Fragen zu auslösenden Bedingungen

- Wann wurde aus Sicht der Eltern eine Verschlechterung des Hautbildes des Kindes beobachten?
- Welche Auslöser können für die Verschlechterung des Hautbildes ursächlich sein?

3. Fragen zum Krankheitsverlauf

- Hatte das Kind als Säugling einen Milchschorf?
- Wann haben die Veränderungen der Haut begonnen?
- Wie oft treten Neurodermitis-Schübe auf?
- Wann sind die Neurodermitis-Schübe am schlimmsten?

4. Krankheitsanamnese* der Familie

- Gibt es in der Familie weitere Neurodermitiker oder Asthmatiker?
- Gibt es in der Familie weitere Personen mit Allergien oder Heuschnupfen?

Was löst Neurodermitis aus?

Die häufigsten Auslösefaktoren sind individuell zu bestimmen. Meist handelt es sich um diese:

- Allergene (z.B. Tierhaare, Kot der Hausstaubmilben, Pollen, verschiedene Lebensmittel)
- Hautirritationen durch chemische oder physikalische Reize
- psychische Belastungen
- Stress

Am aufschlussreichsten ist es, ursächliche Bedingungen zu erkennen und durch gewissenhafte Protokollierung Krankheitsmuster abzuleiten. Ihr Kinderarzt/Ihre Kinderärztin kann Sie hierbei anleiten und unterstützen. Die Auslösefaktoren können sich auch mit dem Alter verändern. Je jünger das Kind ist, umso häufiger finden sich Lebensmittelallergien. Mit zunehmendem Alter des Kindes werden öfters Inhalationsallergene* festgestellt. Ein Neurodermitis-Schub wird nicht nur durch den Kontakt mit Allergenen ausgelöst, sondern auch durch starke Gefühle und psychosoziale Belastungen.

Die Haut von Kindern mit Neurodermitis reagiert besonders empfindlich auf diese Faktoren:

Faktoren auf Seiten des Kindes

- positiver Stress (z.B. zeitintensives, mit Freude ausgeführtes Hobby)
- negativer Stress (z.B. Erleben von Lerndruck, Leistungsdruck, Prüfungsangst)
- Veränderungen in der Gleichaltrigengruppe (z.B. Konflikte mit Freunden, Abbruch von Freundschaften)
- Erleben von Ausgrenzung, Abwertung, Hilflosigkeit
- unzureichende Bewältigungsstrategien* für schwierige Zeiten
- Erleben von körperlicher Anspannung

Faktoren auf Seiten der Eltern

- sehr hohe Leistungsansprüche an das Kind
- autoritärer oder inkonsequenter Erziehungsstil
- unzureichende Information des Kindes über die Krankheit
- unregelmäßige Inanspruchnahme ärztlicher Kontrolltermine
- zu frühe Übertragung der Verantwortung für die Hautpflege an das Kind

- fehlende Krankheitsakzeptanz und damit einhergehende unzureichende Unterstützung des Kindes
- Äußerung von Vorwürfen gegenüber dem Kind bei Verschlechterung des Hautbildes
- negative Äußerungen bezüglich des krankheitsbedingten Aufwandes (z.B. Haushalt, Hautpflege, Arzttermine) dem Kind gegenüber
- konflikthafte Beziehung zum Kind
- Partnerschafts- und Ehekrisen
- unterschiedliche Vorstellungen der Eltern zum Umgang mit der Erkrankung in der Familie, Schule und Freizeit
- Überlastung im Beruf mit damit einhergehender Erschöpfung im Familienalltag

Die tägliche Basispflege reduziert die Intensität und Anzahl der Neurodermitis-Schübe maßgeblich, weshalb Eltern auf deren Anwendung besonders gut zu achten haben. Sie soll, wie das Zähneputzen, im Familienalltag als fixes Ritual Bestand haben. Nur so stellen Sie sicher, dass ausreichend Zeit für die erforderliche und vorbeugende Hautpflege besteht. Zeitdruck ist unangenehm, verhindert eine entspannte Atmosphäre und lässt Kinder rascher die Basispflege vernachlässigen.

Die Krankheit Neurodermitis sollte immer hinsichtlich ihrer Funktion im Familiensystem reflektiert werden. Eltern können sich fragen, was sich durch das Auftreten eines Neurodermitis-Schubes in der Eltern-Kind-Beziehung verändert und wofür die Krankheit stehen könnte (z.B. Bedürfnis nach mehr Abgrenzung, ungünstiges Familienklima). Möglicherweise können auf diese Weise die psychosozialen Auslöser besser verstanden werden.

Wie wirkt sich die Krankheit aus?

Neurodermitis stellt eine Herausforderung für jede Familie dar, weil jeder sie günstig sowie ungünstig beeinflussen kann. Ebenso erfordert die Krankheit von jedem Familienmitglied Feinfühligkeit und besondere Anpassungsleistungen. Eltern und Kind müssen die Krankheit erkennen, sich darauf einstellen und einen Weg finden, mit ihr bestmöglich klarzukommen. Denn Neurodermitis ist mit verschiedenen Belastungen verbunden:

Auswirkungen auf das Kind

- Juckreiz
- durch das Kratzen verschlimmerte Entzündungen der Haut
- durch das Jucken entstehende Ein- und Durchschlafprobleme in der Nacht

- Konzentrations- und Leistungsschwierigkeiten aufgrund des Schlafmangels
- Scham- und Schuldgefühle wegen des äußeren Erscheinungsbildes
- unsicheres Auftreten aufgrund des Hautbildes
- Konfrontation mit Abwertung, Ausgrenzung, Einsamkeit
- dauerhafte Einschränkungen im Alltag durch das gezielte Vermeiden von Allergenen (z.B. Kleidung, Ausstattung des Zimmers, Nahrungsmittel, Tiere, Sport)
- häufige Arztbesuche, welche die Freizeitgestaltung beeinflussen
- Aufenthalt in einer Klinik
- Schwierigkeiten, die Krankheit zu akzeptieren
- Angst oder Erfahrung, als Person auf die Krankheit reduziert zu werden
- Konflikte mit den Eltern im Zusammenhang mit Auslösern und Basispflege
- Kritik für zu wenig ausreichende oder fehlende Mitarbeit in der medizinischen Behandlung
- elterlichen Gefühlen von Frustration ausgesetzt sein
- sozialer Rückzug*

Auswirkungen auf die Eltern

- zeitlicher Aufwand für Hautpflege und -behandlung
- Schlafmangel (z.B. emotionale Belastung, vom Kind nachts gebraucht werden)
- einseitige Arbeitsteilung im Haushalt und in der Versorgung des betroffenen Kindes
- Erschöpfung
- Stimmungsschwankungen, depressive Verstimmtheit, Gereiztheit
- emotionale Betroffenheit bei Erleben von Ausgrenzung oder Abwertung des eigenen Kindes
- Informationsvermittlung Dritten gegenüber (z.B. Neurodermitis ist eine nicht ansteckende Hauterkrankung)
- Behandlungskosten
- Mutter- oder Vater-Kind-Aufenthalt in einer Klinik
- Erleben von Kummer und Bedauern, weil das Kind regelmäßig an die Hautpflege erinnert oder es in Freizeitaktivitäten eingeschränkt werden muss
- Erleben von Hilflosigkeit bei ausbleibendem oder nur mäßigem Erfolg der medizinischen Behandlung

Auswirkungen auf Geschwister

- Geschwisterrivalität durch das Gefühl von Vernachlässigung, da sich die Eltern zeitweise deutlich mehr um das von Neurodermitis betroffene Kind zu kümmern haben
- Einschränkungen im Alltag trotz bestehender Gesundheit (z.B. bei Familienausflügen, bei der Wahl von Haustieren, bei Mahlzeiten, bei der Zimmereinrichtung, wenn Geschwister ein Zimmer teilen)
- Einschränkungen im Spiel (z.B. Freizeitaktivitäten im Freien, Schwimmbad)
- Schamgefühle wegen des Hautbildes des Bruders/der Schwester
- Erleben von Betroffenheit, wenn der Bruder/die Schwester gehänselt und/oder ausgegrenzt wird
- Erleben von Ärger, wenn immer auf den Bruder oder die Schwester Rücksicht zu nehmen ist
- Trennung von Mutter oder Vater bei einem erforderlichen Klinikaufenthalt
- häufiger Streit mit dem betroffenen Bruder/der betroffenen Schwester

Die beschriebenen Auswirkungen können, müssen jedoch nicht auftreten. Ob und in welchem Ausmaß sie vorhanden sind, ist stark an die Haltung gekoppelt, welche Eltern gegenüber der Erkrankung einnehmen.

Welche Haltung gegenüber der Krankheit ist günstig?

Eine Krankheit zu haben, die mit teilweise sehr massiven Einschränkungen verbunden ist, kann die Lebensqualität beeinträchtigen. Doch da die Neigung zu Neurodermitis von Geburt an besteht, bedarf es ihr gegenüber zur Entwicklung und Bewahrung von Lebensfreude einer positiven Haltung.

Eine positive Einstellung auf Seiten der Eltern umfasst diese Sichtweisen:

- die Krankheit nicht als Störfaktor, sondern als einen Rahmen für einen bestimmten Lebensstil betrachten
- den Fokus auf das Kind im Gesamten legen und es nicht nur auf seine Krankheit reduzieren
- die Krankheit als Chance wahrnehmen, Neues über sich selbst und das Kind zu erfahren (z.B. Bewältigung von schwierigen Zeiten, Fähigkeiten der Eltern und des Kindes kennen lernen)

- der Krankheit eine Alarmfunktion zuschreiben. Symptomfreie Zeiten sprechen z.B. für ein gutes Familienklima, Wohlbefinden, regelmäßige wirksame Hautpflege, Erfolg beim Vermeiden von Auslösern
- den Blickwinkel auf die Seiten des Lebens richten, die trotz Krankheit gut gelingen

Die Position der Eltern soll einheitlich sein. Schließlich mündet sie in bestimmte Verhaltensweisen, welche die Auftretenshäufigkeit eines Neurodermitis-Schubes bis zu einem gewissen Grad mitbeeinflussen – das Kind lebt nicht nur in der Welt der Familie, sondern auch in anderen wie z.B. Schule, Verein, Nachbarschaft, Freundeskreis.

Wie kann das Kind zum Experten werden?

Ein Krankheitsverständnis, eine Krankheitsakzeptanz sowie eine kooperative Haltung wirken sich sehr günstig auf den Krankheitsverlauf aus. Denn in dieser Kombination werden Bedingungen geschaffen, die das Kind befähigen, zum Experten für seine Krankheit zu werden und gut für sich zu sorgen. Das Krankheitsverständnis umfasst folgende Aspekte:

- Was ist Neurodermitis?
- Was löst Neurodermitis aus?
- Wie ist das Hautbild jeweils zu bewerten?
- Wie können Auslöser vermieden werden?
- Wie lautet der persönliche Ampelplan?
- Was ist der Juckreiz-Kratz-Kreislauf?
- Welche Alternativen zum Kratzen gibt es?

Die Krankheitsakzeptanz meint, dass das Kind und die Familie die Existenz der Hauterkrankung mit all ihren Auswirkungen auf jeden Einzelnen und die Familie annehmen. Die kooperative Haltung drückt sich in günstigen Verhaltensweisen des Kindes und seiner Eltern aus, die für möglichst lange symptomfreie Zeiten sorgen. Dazu zählen beispielsweise:

- Zeit für die Durchführung der täglichen Basispflege
- aktives Vermeiden von Auslösern von Seiten des Kindes und der Eltern
- exakte Anwendung des persönlichen Ampelplanes
- Anwendung der Alternativen zum Kratzen
- Einhaltung regelmäßiger ärztlicher Kontrolltermine
- Information Dritter über die Krankheit zur Entkräftung von Vorurteilen

Wird ein Kind zum Experten, dann ist es zugleich bereit für einen altersentsprechenden, eigenverantwortlichen Umgang mit der Erkrankung und kann aufbauend auf früheren positiven Erfahrungen in der jeweiligen Situation entscheiden, was der Haut gut oder weniger gut bekommt. Darüber hinaus schafft eigenverantwortliches Handeln Freiraum für eigene Entscheidungen und im Falle von Misserfolg sind die Konsequenzen leichter zu tragen.

Eltern, die ihrem Kind Informationen zum optimalen Umgang mit der Krankheit vorenthalten, es trotz seiner Bereitschaft zur Verantwortungsübernahme bevormunden, die Krankheit als lästigen Störfaktor betrachten oder das Kind aus Angst vor dem Kontakt mit Auslösern zu sehr in seinem Handlungsspielraum beschneiden, halten ihren Sprössling davon ab, zum Experten zu werden.

Je jünger ein Kind ist, desto mehr Anleitung und Hilfestellung benötigt es von seinen Eltern. Ebenso fehlt es ihm an Erfahrung, welche Faktoren inwiefern das Auftreten eines Krankheitsschubes begünstigen oder verhindern. Eltern sollen die zunehmende Übertragung der Verantwortung für die Hautpflege an das Kind davon abhängig machen, wie selbstständig es bereits in anderen Lebensbereichen (z.B. Anziehen, Körper- und Zahnpflege) ist.

Ein Kind, das dennoch unbeteiligt und/oder uninteressiert wirkt oder sich wider besseres Wissen Auslösern aussetzt, hat dafür meist einen persönlichen Grund, welcher von den Eltern hinterfragt und verstanden werden soll.

Nachfolgende Fragen können Eltern helfen, über das Verhalten und die momentane Einstellung des Kindes gegenüber der Neurodermitis mehr Klarheit zu gewinnen:

- Mir ist aufgefallen, dass du dich unregelmäßig eincremst. Wie kommt das? Womit hat das zu tun?
- Wie ist es passiert, dass du Auslösern (z.B. mit dem Nachbarshund zu knuddeln) in letzter Zeit nicht aus dem Weg gehst?
- Wie schützt du dich normalerweise vor Auslösern?
- Wie kommst du mit deinem Arzt/deiner Ärztin klar?
- Wie findest du deine Krankheit?
- Was verhindert deine Krankheit?
- Was fällt dir im Zusammenhang mit der Krankheit besonders schwer?
- Welche Dinge, die mit deiner Krankheit zu tun haben, kannst du bereits alleine regeln?
- Bei welchen Dingen kannst du meine Hilfe gebrauchen?
- Was wäre anders, wenn du die Krankheit besser im Griff hättest?

Wichtig ist, einen guten Rahmen für die Fragen zu schaffen, damit das Kind gerne und offen antwortet. Sprechen die Eltern ihr Anliegen an, das Verhalten des Kindes besser verstehen zu wollen, sind für das Kind der Gesprächsrahmen und das Ziel klar umrissen. Darüber hinaus kann sich das Kind sicher sein, keine Strafpredigt oder Vorhaltungen zu bekommen, und erlebt sich entspannter.

Meist hat unkooperatives Verhalten mit einem fehlenden Krankheitsverständnis oder einer fehlenden Krankheitseinsicht* zu tun oder das Kind empfindet die Behandlung oder die Kontakte mit dem Arzt/der Ärztin als unangenehm. Sofern zwischen den Eltern keine Einigkeit im Umgang mit der Erkrankung besteht – Pflege, Kontakt mit Auslösern, Kontrolltermine einhalten –, kann das Kind dies mit fehlender Kooperation beantworten.

Wie können Eltern bestmöglich helfen?

Je jünger das betroffene Kind ist, desto mehr ist es von der Fürsorge seiner Eltern und deren Unterstützung im Umgang mit der Erkrankung abhängig. Neurodermitis ist gut in den Griff zu bekommen. Die Voraussetzung dafür stellen jedoch eine Diagnose, eine Krankheitseinsicht, eine kooperative Haltung und eine Krankheitsakzeptanz beim Kind sowie für das Kind und die Familie wirksame Vorbeuge- und Behandlungsstrategien dar.

Folgende Informationen, Sicht- und Verhaltensweisen können dem Kind helfen:

- Kenntnis, dass sich Neurodermitis bei jedem Kind anders zeigt
- Veränderungen des Hautbildes beim Kind erkennen
- Überempfindlichkeit des Kindes auf bestimmte Stoffe, Reize erkennen
- Vorstellung des Kindes beim Kinder- oder Hautarzt/bei der Kinder- oder Hautärztin bei Veränderungen des Hautbildes oder frühestmöglich bei bestehender familiärer Atopie
- vom Arzt/von der Ärztin vorgeschlagene Behandlungsweise gewissenhaft durchführen und die Auswirkungen dieser in einem Kontrolltermin rückmelden
- Krankheit mit ihren ursächlichen und aufrechterhaltenden Bedingungen dem Kind altersentsprechend erklären oder den Arzt/die Ärztin um kindgerechte Informationen bitten
- zeitliche Rahmenbedingungen für die tägliche Basispflege schaffen sowie weitere Maßnahmen gemäß dem Behandlungsplan regelmäßig durchführen
- Kind in der täglichen Basispflege und in der Behandlungsphase bestmöglich unterstützen, ohne es zu bevormunden (Angestrebt werden soll eine schrittweise, dem Entwicklungsstand angepasste Übertragung der Verantwortung für die Hautpflege an das Kind.)

- Juckreiz-Kratz-Kreislauf besprechen (Wird das Kind beim Kratzen ertappt oder werden Kratzspuren an der Haut entdeckt, dann soll auf Vorwürfe verzichtet werden, da diese beim Kind ein schlechtes Gewissen und zusätzliche Gefühle von Spannung erzeugen, welche wiederum das Hautbild beeinflussen und zu Juckreiz führen können.)
- immer einen Cool Bag zur Linderung des Juckreizes im Gefrierfach aufbewahren
- in Gesprächen Alternativen zum Kratzen entwickeln und das Kind regelmäßig daran erinnern (Kratzen kann auch vom betroffenen Kind als Druckmittel eingesetzt werden. In Situationen, wo das Kind das Kratzen strategisch einsetzt (z.B. Kind kratzt sich beim Einkaufen, wenn es etwas nicht bekommt; Kind kratzt sich, wenn es sein Zimmer aufräumen soll), soll jeweils entschieden werden, ob die Haut akut gefährdet wird und eingegriffen werden muss oder ob man darüber hinwegsehen kann und sich dadurch nicht von seiner Entscheidung abbringen lässt.)
- Kind zu ausgleichenden Freizeitaktivitäten (z.B. Sport, Freunde treffen) motivieren und diese gemeinsam durchführen
- Schlafdefizite am Wochenende ausgleichen, statt Freizeitstress erzeugen
- Kind befähigen, Gefühle zu differenzieren und eigene Gefühle mitzuteilen
- mit dem Kind gemeinsam Problemlösefähigkeiten entwickeln
- Entwicklung von Selbstbewusstsein fördern
- Strategien zur Entspannung vermitteln und mit ihm Entspannungsübungen (Fantasiereisen, Progressive Muskelentspannung nach Jacobson [PMR*]) durchführen
- mit dem Kind Vorgehensweisen für die Lösung von Konflikten erarbeiten
- günstige Bewältigungsstrategien (z.B. Ablenkung, positive Selbstinstruktion*, Aussprechen von Kummer, Trost holen) vermitteln
- Kind über zu erwartende stressvolle Ereignisse informieren und mögliche Vorgehensweisen besprechen
- typische Auslöser vermeiden
- Kind an einem regelmäßigen Entspannungstraining teilnehmen lassen
- Kind an einem Selbstsicherheitstraining (psychologische Gruppe, defensiver Selbstverteidigungskurs) teilnehmen lassen
- für eigenverantwortliches günstiges Verhalten loben
- bei der Basispflege, die sich bewährt hat, bleiben
- gut gemeinte Ratschläge Anderer überdenken oder auch mal überhören

Eltern können den Kontakt mit Auslösern vermeiden oder reduzieren, indem sie nachfolgende Empfehlungen berücksichtigen:

Rauchfreier Haushalt

Das Rauchen soll nicht nur im Kinderzimmer, sondern auch im gesamten Haushalt und im Auto vermieden werden, da es das Neurodermitis-Hautbild verschlechtert, indem es als Reiz für die Haut wirkt. Rauchen schadet nicht nur Ihrem eigenen Körper, sondern schädigt auch die Gesundheit Ihres Kindes.

Sorgfältige Auswahl von Haustieren

Haustiere sind erst dann in das Familienleben aufzunehmen, wenn die Allergien bekannt sind. Reptilien und Fische zählen zu den am wenigsten bedenklichen Haustieren. Befindet sich bereits ein Tier im Haushalt, auf das allergisch reagiert wird, soll es sich nicht im Kinderzimmer aufhalten und sich weder in das Bett noch auf das Familiensofa legen.

Konsequentes Verhalten bei Hausstaubmilbenallergie

Die Luftfeuchtigkeit im Haushalt soll zwischen 40 und 50 Prozent liegen und die Raumtemperatur unter 20 Grad Celsius sein. Das Kinderzimmer soll ohne Teppiche und Vorhänge ausgestattet werden. Matratzen und Kissen sollen aus Schaumstoff, die Bettdecken aus Kunstfasern bestehen. Die Bettwäsche ist mindestens alle zwei Wochen bei zumindest 60 Grad Celsius zu waschen. Von Vorteil sind milbenundurchlässige Überzüge für Matratzen, Kissen und Bettzeug. Die Wohnung/das Haus soll jeden zweiten Tag gesaugt und feucht gewischt werden. Das Staubsaugen und andere Tätigkeiten, die Staub aufwirbeln, sollen nicht dem allergischen Kind übertragen werden.

Leichte und glatte Bekleidungsstoffe tragen

Bei der Kinderkleidung ist leichten und glatten Stoffen der Vorzug zu geben. Etiketten sind zu entfernen und die neue Kleidung ist vor dem ersten Gebrauch mehrmals zu waschen. Bei Handwäsche ist das verwendete Waschmittel gut auszuspülen. Zeigen sich Unverträglichkeiten, soll das Waschmittel gewechselt werden, solange bis ein passendes gefunden wird. Achten Sie auf dermatologische Empfehlungen für Neurodermitis-Haut.

Schutz durch Overalls und Handschuhe

Viele Kinder kratzen sich nachts blutig. Besonders bei Kleinkindern ist hier ein spezieller Neurodermitis-Overall, der auch über die Hände gezogen wird, geeignet. Ab dem Vorschulalter sind dünne Handschuhe hilfreich, um den durch das Kratzen verursachten Schaden an der Haut zu minimieren. Das Kind muss verstehen, weshalb es die Handschuhe tragen soll, um sie auch tatsächlich anbehalten zu wollen.

Vorsicht beim Baden

Salz- und Chlorwasser desinfizieren, können aber auch reizen. Baden im Meer wirkt durch das Salzwasser auf der Haut desinfizierend, doch kann es bei offenen Stellen zu schmerzhaftem Brennen führen. Dies gilt auch für chloriertes Wasser, worauf einige Kinder überempfindlich reagieren können. Zum Schutz der Haut soll diese vor und nach dem Bad immer mit fettreichen Salben eingecremt werden. So wird der Reiz reduziert und die Haut anschließend wieder rückgefettet.

Wirkung der Sonnenstrahlen kennen

Sparsamer Aufenthalt in der direkten Sonne ist für jeden ratsam. Manche Neurodermitiker reagieren besonders empfindlich auf Sonnenstrahlen, bei anderen führen sie zu einer Besserung des Hautbildes.

Sportliche Aktivitäten fördern

Sport ist besonders gut als Ablenkung vom Juckreiz geeignet und zur Entwicklung motorischer Fähigkeiten und zum Aufbau von Freundschaften äußerst wichtig. Anschließend sollte aber rasch geduscht werden, da der Schweiß die Haut reizen und so zu einer Verschlechterung des Hautbildes führen kann. Nach dem Duschen soll die Haut mit einer Pflegesalbe eingecremt werden. Diese soll also immer in der Sporttasche mitgegeben werden.

Wie kann Neurodermitis vorgebeugt werden?

Die gesündeste Ernährung eines Säuglings ist Muttermilch*. Die beste Vorbeugung gegen Neurodermitis ist das alleinige Stillen in den ersten sechs Lebensmonaten und die anschließende schrittweise Einführung der Beikost. Bekommt ein Kind Hautausschlag, obwohl es voll gestillt wird, kann dies mit der Nahrung zusammenhängen, welche die Mutter gegessen hat und die auf die Muttermilch übergeht.

Sollte das Stillen nicht möglich sein, ist bei Atopikerfamilien* die Ernährung des Kindes in diesem Zeitraum mit einer Hydrolysat-Nahrung* empfohlen. Im ersten Lebensjahr sind hochallergene Lebensmittel (Ei, Fisch), im ersten und zweiten Jahr Nüsse und Erdnüsse zu vermeiden. Ansonsten gelten für Kinder mit Neurodermitis die gleichen Ernährungsempfehlungen wie für Gleichaltrige.

Welchen Einfluss hat die Ernährung?

Eine vollwertige und ausgeglichene, gesunde Ernährung ist für die körperliche Entwicklung eines jeden Kindes von enormer Bedeutung. Wenn sich bei Ihrem Kind mehrere Nahrungsmittelallergien nachweisen lassen, vereinbaren Sie einen Termin mit einem Ernährungsexperten/einer Ernährungsexpertin.

Standarddiäten, wie oft empfohlen, sind für Neurodermitiker unzulässig, denn bei einigen betroffenen Kindern sind keine Nahrungsmittelallergien nachweisbar und eine wahllos durchgeführte Diät kann die Gesundheit des Kindes gefährden und die Familie unnötig belasten.

Wenn alle Nahrungsmittel aus dem täglichen Speiseplan genommen werden, die bei Neurodermitis-Kindern zu einer allergischen Reaktion führen könnten, ist dies für die Zubereitung des Familienessens sehr aufwendig und kann zu einer Unterversorgung des Kindes mit notwendigen Nährstoffen* und Vitaminen* führen. Somit sind immer nur die jeweiligen beim Kind eruierten Allergene zu vermeiden und am besten wird gemeinsam mit einem/r ErnährungsexpertIn ein ausgewogener, gesunder Ernährungsplan zusammengestellt.

Die Anzahl und die Ausprägung der Allergien können sich im Lauf der Jahre verändern, weshalb anfangs schlecht oder nicht vertragene Lebensmittel nach Jahren oft wieder gut vertragen werden und somit den täglichen Speiseplan bereichern können.

Bei bestimmten Nahrungsmitteln (z.B. Getreidemehl) und Pflanzenpollen (z.B. Getreidepollen) lassen sich Kreuzallergien* beobachten. Bei beispielsweise nachgewiesener Getreidepollenallergie finden sich deshalb oft allergische Reaktionen auf Getreidesorten.

ÄrztInnen und ErnährungsexpertInnen haben sich Gedanken gemacht, wie viel Kinder täglich essen sollen. Ihre Empfehlungen geben sie als Energiewert, in Portionsmengen* oder Portionsgrößen* an. Die Menge ist abhängig vom Alter, der Größe, dem Geschlecht und dem Bewegungsausmaß.

Um den Bedarf an Energie zu stillen, soll jedes Kind täglich fünf Mahlzeiten, d.h. drei Haupt- und zwei Zwischenmahlzeiten, zu sich nehmen. Alles was in die eigene Hand passt, entspricht einer Portion. So erübrigt sich kompliziertes Kalorienrechnen.

Somit gelten für Kinder folgende Ernährungsempfehlungen pro Tag:

- 6 Portionen Wasser oder ungesüßten Tee (auch als Gläser messbar)
- 5 Portionen Getreide, Getreideprodukte, Kartoffeln (gesamte Handfläche)
- 4 Portionen Obst und/oder Gemüse (aufgehäufte Hand)

- 3 Portionen Milch und/oder Milchprodukte
- 1 kleine Portion (nur Handteller) Fleisch oder Eier (nur Handteller) oder Fisch (Handfläche)
- 1 kleine Portion (nur Handteller) Süßigkeiten oder fette Snacks oder süße Getränke

Grundsätzlich soll bei der Ernährung auch darauf geachtet werden:

- viel Obst, Gemüse und pflanzliche Lebensmittel (ohne die persönlichen Allergene)
- viel ungesüßte Getränke
- mäßig tierische Lebensmittel
- wenig fette und süße Speisen

Wann ist psychologische, psychotherapeutische Hilfe ratsam?

So wie die Einstellungen der Eltern und des Kindes den Krankheitsverlauf beeinflussen, genauso verhält es sich mit der Wirksamkeit psychologischer oder psychotherapeutischer Hilfe. Wer sich offen und mit Neugier bei bestehendem Problemdruck* auf die offen liegenden Fragen einlässt, schwierige Lebenssituationen reflektiert und eigene Fähigkeiten aktiviert, kann von dieser Form der Hilfestellung profitieren. Eine optimale Startbedingung ist, wenn jemand, bei dem sich Eltern und Kind wohlfühlen, gefunden wird. Denn auf dieser Basis können neue Sichtweisen besonders gut entwickelt werden und erwünschte Veränderungen in Gang kommen.

Die Inanspruchnahme psychologischer oder psychotherapeutischer Hilfe empfiehlt sich für Eltern z.B. bei:

- Gefühlen von Überlastung, Überforderung
- Zukunftsängsten
- Überängstlichkeit, übertriebener Fürsorglichkeit
- Stimmungsschwankungen, Stimmungstiefs, andauernder Frustration
- Konflikten mit dem Partner im Zusammenhang mit der Krankheit oder auseinanderdriftenden Vorstellungen von Elternschaft
- belastenden krankheitsbedingten Einschränkungen
- ausbleibendem oder mäßigem Behandlungserfolg
- ausbleibender oder nur mäßiger Kooperation des Kindes
- negativer oder ungünstiger Entwicklung der Eltern-Kind-Beziehung
- Zunahme der Konflikte zwischen Eltern und Kind
- Veränderungen im Erleben und Verhalten des Kindes

- Veränderungen im Erleben und Verhalten des Geschwisterkindes/der Geschwisterkinder
- dem Anliegen, das Zusammenspiel familiärer und persönlicher Einflussfaktoren auf die Krankheit besser zu verstehen
- Unklarheit darüber, wie viel Verantwortung dem Kind bei der Hautpflege übertragen werden kann

Der Elternteil mit dem größten Gefühl der Belastung, Sorge, Ratlosigkeit oder Problemdruck soll den ersten Schritt unternehmen und einen Termin für ein Erstgespräch vereinbaren. In diesem werden Anliegen benannt und daraus Ziele abgeleitet. Diese sollen zu einem späteren Zeitpunkt die Bewertung ermöglichen, ob und in welchem Ausmaß die angestrebten Ziele erreicht wurden. Eltern wird empfohlen, psychologische oder psychotherapeutische Hilfe für sich alleine in Anspruch zu nehmen, da sie den größten Einfluss auf die Lebens- und Entwicklungsbedingungen eines Kindes haben und ihr Verhalten eine Vorbildfunktion für das Kind hat. Diese Vorgehensweise hilft Eltern wieder mehr Vertrauen in ihre eigenen Fähigkeiten zu gewinnen.

Die Inanspruchnahme psychologischer oder psychotherapeutischer Hilfe gemeinsam mit dem Kind erscheint im Zusammenhang mit Neurodermitis z.B. günstig bei:

- Verhärtung der innerfamiliären Konflikte
- deutlicher Verschlechterung der Eltern-Kind-Beziehung bei bestehender elterlicher Inanspruchnahme psychologischer oder psychotherapeutischer Hilfe
- fehlender Krankheitseinsicht und Akzeptanz des Kindes
- Problemdruck des Kindes aufgrund der Erkrankung und ihre psychosozialen Auswirkungen
- Wunsch des Kindes, sich besser gegen Hänseleien zu wehren
- Wunsch des Kindes, besser mit bestimmten Belastungen klarzukommen

Grundsätzlich empfiehlt sich die Kontaktaufnahme mit PsychologInnen und PsychotherapeutInnen als Familie dann als günstig, wenn:

- sich ein Familienmitglied im Erleben und Verhalten über einen längeren Zeitraum auffallend ungünstig verändert
- ein Familienmitglied mitteilt, mit einer Situation/einem Problem besonders überfordert zu sein
- ein Familienmitglied sehr traurig/aggressiv ist und alle anderen nicht wissen, was sie Hilfreiches tun können
- ein Familienmitglied sich um eine andere Person übermäßige Sorgen macht

Was können Eltern für sich tun?

Starke Eltern, die mit schwierigen, neuen, herausfordernden Situationen zurechtkommen, geben Kindern Halt, Orientierung und haben eine nachhaltige Modellwirkung*. Neurodermitis ist kein einfacher Schnupfen, der nach wenigen Tagen gut überstanden ist. Sie fordert von Eltern und Kind eine konsequente und dauerhafte Aufmerksamkeit (Pflege, Behandlung, Vermeidung von Auslösern), welche beispielsweise als belastend, überfordernd, einschränkend oder frustrierend erlebt werden kann. Spätestens wenn überwiegend negative Gefühle im Zusammenhang mit der Erkrankung im Vordergrund stehen, haben Eltern – das eigene Wohlbefinden betreffend – Handlungsbedarf. Schließlich können erschöpfte, genervte, gestresste Eltern nicht die Eltern sein, die sie gerne sein möchten. Folgende Fragen können Ihnen helfen, Klarheit über Ihre momentane Befindlichkeit zu gewinnen und Ideen für Veränderungen zu entwickeln:

- In welchem Verhältnis stehen positive und negative Gefühle zueinander?
- Welches negative Gefühl überwiegt? Wie stark ist es auf einer Skala von 0 bis 10? (0 = gar nicht stark, 10 = besonders stark)
- In welchen Situationen macht sich dieses negative Gefühl besonders bemerkbar?
- Wozu bringt Sie dieses negative Gefühl?
- Wovon hält Sie dieses negative Gefühl ab?
- Wie wirkt sich dieses negative Gefühl auf Ihre Beziehung zum von Neurodermitis betroffenen Kind und zum weiteren Kind/zu den weiteren Kindern aus?
- Welches Gefühl soll an die Stelle des negativen Gefühls treten?
- Was benötigen Sie, um zum gewünschten Gefühl zu kommen?
- Wer kann Sie dabei wodurch unterstützen?
- Welche bereits seit längerem nicht mehr durchgeführten Aktivitäten könnten das Auftreten des gewünschten Gefühls unterstützen?

Eltern, die sich mit guter Absicht zu sehr auf die Krankheit konzentrieren, neigen dazu, andere äußerst wichtige Aktivitäten und Bedürfnisse nebensächlich werden zu lassen. Das ist besonders ungünstig! Denn je stabiler die positive Stimmung der Eltern ist, je zuversichtlicher sie sind, Herausforderungen und Hürden zu meistern, und je ausgeglichener die Balance zwischen Elternschaft, Partnerschaft und dem eigenen Leben ist, desto weniger wird Neurodermitis als Störfaktor oder Belastung wahrgenommen.

Folgende Empfehlungen tragen dazu bei, Sie weniger anfällig für das Erleben von Erschöpfung, Frustration oder Überforderung zu machen:

- die Krankheit berücksichtigende, ausgewogene Arbeitsteilung zwischen Eltern und Kindern im Haushalt
- strukturierter Tagesablauf mit ausreichend Zeit für die Hautpflege
- Inanspruchnahme regelmäßiger ärztlicher Kontrolltermine
- täglich mindestens eine halbe Stunde Freizeit (z.B. Spaziergang, Lesen, Telefonieren mit Freunden)
- Schlafmangel regelmäßig ausgleichen
- regelmäßige Durchführung entspannender Tätigkeiten
- Durchführung gezielter Entspannungsübungen (z.B. Progressive Muskelentspannung, Autogenes Training*)
- spezifisches Wissen über die Krankheit entwickeln
- psychologische oder psychotherapeutische Unterstützung in Anspruch nehmen
- Austausch mit anderen betroffenen Eltern
- Einstellung einer Haushaltshilfe

Wie Sie sehen, gibt sehr viele Dinge, die Sie als Eltern tun können, um mit der Erkrankung als Familie besser zurechtzukommen, auslösende Bedingungen zu erkennen und zu minimieren sowie das Kind in einem förderlichen und eigenverantwortlichen Umgang mit der Krankheit zu unterstützen.

Was ist aus ärztlicher Sicht wichtig? Zusammenfassung

Diagnosestellung

- Anamnese, Erhebung der Krankengeschichte des Patienten und der Familie in Bezug auf atopische Erkrankungen

Behandlungsziele

- Anzahl der Neurodermitis-Schübe reduzieren
- Dauer der Schübe verkürzen
- Schäden an der Haut minimieren
- Lebensqualität des Kindes und der gesamten Familie optimieren

Therapiemöglichkeiten

- Allergene meiden, Kontakt mit Auslösern verhindern
- tägliche Basispflege (Salben, Cremes, Lotions)
- unterstützende Pflege (Ölbäder, fettfeuchte Wickel, Schwarztee-Umschläge, Schwarztee-Olivenölbäder)
- Medikamente (Cremes, Salben, Tabletten, Tropfen, Säfte mit Wirkstoffen)
- Strategien zur Unterbrechung des Juck-Kratz-Kreislaufes

Aufgaben der Eltern

- Rahmenbedingungen für eine ausreichende Basispflege schaffen
- Unterstützung des Kindes im Alltag und bei der Pflege
- regelmäßige Arztbesuche
- Hilfestellung bei Verschlechterung des Ausschlages
- gemeinsamer Ampelplan

Was ist aus psychologischer Sicht wichtig? Zusammenfassung

Aufgaben der Eltern

- Reflexion über die Funktion der Krankheit innerhalb der Familie
- psychosoziale Auslöser ernst nehmen und beeinflussen helfen
- Förderung von Krankheitsverständnis, -einsicht und -akzeptanz beim Kind
- Kind mit all seinen Fähigkeiten betrachten und es nicht auf die Neurodermitis reduzieren
- Ermutigung des Kindes zum Durchhalten des Behandlungsplanes in schwierigen Zeiten
- ausbleibendes kooperatives Verhalten des Kindes zu verstehen versuchen
- Würdigung der Erfolge des Kindes
- Information Dritter, dass keine Ansteckungsgefahr besteht
- psychologische/psychotherapeutische Unterstützung suchen, annehmen und für die Familie nützen

Aufgaben des Kindes

- zum Experten für Neurodermitis werden durch Krankheitsverständnis, Krankheitsakzeptanz und Strategien zur günstigen Beeinflussung der Krankheit
- Wirkmechanismen der Krankheit erkennen
- Kenntnis der Auslöser und Allergene
- Vermeidung der Auslöser und Allergene
- Strategien zum Ausstieg aus dem Juck-Kratz-Kreislauf kennen und anwenden
- Alternativen zum Kratzen entdecken und anwenden
- konsequente Durchführung der täglichen Basispflege
- genaue Einhaltung des Ampelplans
- Problemlöse- und Entspannungsstrategien entwickeln und anwenden
- ausgleichende Aktivitäten und Interessen zum Schulalltag pflegen

Inhalte im psychologischen/psychotherapeutischen Setting

- Auswahl des Settings (Einzel-, Eltern- oder Familiengespräche)
- Einschätzung des Problemdrucks beim Kind und bei den Eltern
- Auswirkungen der Neurodermitis auf Gedanken, Gefühle, Verhalten und Beziehungen
- Einstellung zur Krankheit
- Feststellung der Bereitschaft, die Neurodermitis gezielter zu beeinflussen
- Benennung von lang-, mittel- und kurzfristigen Zielen
- Reflexion der Bewältigungsstrategien
- Thematisierung der Auslöser und der Strategien, diese zu umgehen
- Entwicklung von Problem- und Konfliktlösestrategien
- Reflexion der innerfamiliären Belastungen und Entwicklung einer künftigen Vorstellung eines besser gelingenden Familienlebens
- Psychoedukation*

Glossar

Anmerkung: Das Glossar erhebt keinen Anspruch auf Vollständigkeit

Abwehrzellen: sind Zellen, die Bakterien, Viren und Fremdstoffe im Körper bekämpfen.

Allergen: ist eine Substanz, die eine allergische Reaktion auslöst.

Antikörper: werden auch Immunglobuline genannt. Dies sind Eiweiße*, die der Körper zur Abwehr gegen bestimmte Stoffe bildet.

Asthma, allergisches: Dabei reagieren die Bronchien auf verschiedene Allergene mit einer Verengung, vermehrter Schleimproduktion und Entzündung. Dadurch kommt es zu Hustenanfällen und Atemnot.

Asthmatiker: ist eine Person, die an Asthma, einer chronischen Entzündung und Verengung der Atemwege, leidet.

Atopie: ist eine Überempfindlichkeit des Körpers gegenüber gewissen Stoffe.

Atopikerfamilien: In bestimmten Familien treten atopische Erkrankungen durch Vererbung gehäuft auf. Wenn Eltern oder Geschwister die Krankheit ebenfalls haben, besteht ein erhöhtes Risiko, selbst zu erkranken.

atopisch: Dies meint, überempfindlich gegenüber bestimmten Stoffen zu sein.

Auslöser: ist ein Ereignis oder Stoff, der eine Reaktion in Gang setzt. Beim Neurodermitiker kann dieser eine Entzündungsreaktion in der Haut auslösen.

Ausschlag: ist eine Veränderung des Hautbildes, meist mit Rötung und Flecken verbunden.

austesten: Verschiedene Substanzen werden an der Haut ausprobiert, um herauszufinden, worauf eine Person allergisch reagiert.

Bakterien: sind mikroskopisch kleine Organismen. Bakterien helfen im Darm bei der Verdauung. Auch beim gesunden Menschen ist die Haut von vielen Bakterien besiedelt. Bakterien können aber auch als Krankheitserreger wirken und Entzündungen hervorrufen.

Bewältigungsstrategien: beschreiben unterschiedliche Vorgehens- und Verhaltensweisen, um mit einem Problem, einem unangenehmen Gefühl zurechtzukommen.

Chemikalien: sind Substanzen, die meist chemisch hergestellt wurden und die Haut reizen können.

Cool Bag: ist ein Beutel mit einer Flüssigkeit, die, nachdem sie gekühlt wurde, besonders lange kalt bleibt. Ein Cool Bag wird bei Sportverletzungen oder zum Kühlen von juckender Neurodermitis-Haut verwendet.

Creme: ist eine Mischung aus Wasser und Fett zur Hautpflege.

Dermatitis, atopische: Fachbegriff für Neurodermitis.

DermatologInnen: sind FachärztInnen für die Haut.

Duftstoffe: sind chemische Stoffe, die den Geruchsinn anregen.

Eiter: ist eine Körperflüssigkeit, die bei Entzündung durch Bakterien entsteht. Eiter hat meist eine gelbliche Farbe.

Eiweiß: ist ein Grundnährstoff sowie der wichtigste Baustoff im Körper.

Ekzem, atopisches: Fachbegriff für Neurodermitis.

Ekzem, endogenes: Fachbegriff für Neurodermitis.

Gefäße: sind Transportschläuche für das Blut im Körper.

Gehirn: ist ein im Schädel liegendes Nervengewebe. Das Gehirn steuert den Körper, die Gedanken und Gefühle.

Gräserpollen: sind der Blütenstaub der Gräser. Sie werden über die Luft verteilt.

Gruppentraining: Dabei werden Betroffene in einer Gruppe Gleichaltriger über die Entstehung und Aufrechterhaltung von Neurodermitis informiert, lernen mit der Krankheit umzugehen und ihre Auswirkungen möglichst gering zu halten.

Hausstaubmilben: gehören zu den Spinnentieren, sind ca. 0,1-0,5mm groß und ernähren sich von Hautschuppen. Manche Menschen reagieren allergisch auf den Kot der Hausstaubmilben.

Hautbild: meint die Zusammensetzung der Haut, die das Aussehen prägt.

Hautton: ist die Farbe, welche die Haut heller oder dunkler aussehen lässt.

Herpesinfektion: bedeutet eine Entzündung der Haut durch bestimmte Viren. Diese verursachen auch Fieberbläschen auf Lippen. Die Infektion ist durch Kontakt ansteckend.

Heuschnupfen: Der Fachbegriff lautet allergische Rhinitis. Es handelt sich um einen allergischen Schnupfen, der hauptsächlich durch Pollen verursacht wird.

Hydrolysat-Nahrung: Für diese Nahrung wird das Kuhmilcheiweiß durch Hydrolyse in kleine Peptide gespalten, um vom Immunsystem des Säuglings nicht mehr als fremd erkannt zu werden.

Inhalationsallergene: sind Stoffe, die über die Atemwege in den Körper kommen, und auf die manche Menschen allergisch reagieren.

intakt: ganz, gesund.

Juckreiz: ist ein unangenehmes Empfinden auf der Haut, das Kratzen provoziert.

Konservierungsstoffe: sind Stoffe, die Lebensmittel davor schützen, zu verderben. Sie können aber die Qualität der Lebensmittel vermindern und allergische Reaktionen auslösen.

Kosmetika: Körper- und Schönheitsprodukte.

Kot: meint die Ausscheidungsprodukte, auch Exkremente oder Kacke genannt.

Krankheitsanamnese: Fachbegriff für die Vorgeschichte einer Krankheit. Die Informationen von Betroffenen und Angehörige sind gleichermaßen wichtig.

Krankheitseinsicht: bedeutet die Erkenntnis, dass eine Person selbst oder eine andere krank ist und mit der Krankheit bestimmte Verhaltensweisen oder -empfehlungen verbunden sind.

Kreuzallergie: Wenn Antikörper gegen ein bestimmtes Allergen oder gegen andere Allergene gerichtet werden, z.B. bei einer Allergie auf Getreidepollen, kann eine allergische Reaktion auf Getreidemehl auftreten.

Kriminalistik: sind alle Kenntnisse sowie Techniken und Verfahren, welche die Polizei einsetzt, um Straftaten* aufzuklären oder zu verhindern.

Kür: ist eine von TurnerInnen ausgewählte Reihe an Übungen zur Präsentation der sportlichen Leistungen.

Lotion: ist eine dünnflüssige Mischung aus Fett und viel Wasser zur Pflege.

Make-up-Produkte: sind abwaschbare, farbliche Schönheitsprodukte, die meist für die Gesichtshaut verwendet werden.

Muttermilch: ist die gesündeste und natürlichste Form der Kinderernährung. Günstig ist, das Kind sechs Monate voll zu stillen und ihm danach ergänzend Beikost anzubieten.

Nährstoffe: sind Stoffe, die von Lebewesen aufgenommen werden, um den Organismus am Leben zu erhalten. Die für den Menschen wichtigsten sind Kohlenhydrate, Fette, Proteine, Vitamine und Mineralstoffe.

Neurodermitiker: ist eine Person, die von der Hauterkrankung Neurodermitis betroffen ist.

Neurodermitis: andere Fachbegriffe für diese Hauterkrankung lauten atopisches Ekzem, atopische Dermatitis, endogenes Ekzem. Alle beschreiben eine chronische, nicht ansteckende Hautkrankheit, die sich in Form von Entzündungen auf der Haut zeigt.

Neurodermitis-Haut: meint die Haut einer Person, die Neurodermitis hat.

Neurodermitis-Schub: ist ein immer wieder auftretender Krankheitsausbruch.

pH-hautneutral: entspricht dem pH-Wert von reinem Wasser, ist nicht sauer und nicht basisch.

PMR: ist die Abkürzung für Progressive Muskelentspannung nach Jacobson, welche eine Entspannungsmethode darstellt. Bei dieser werden die Muskeln in einer bestimmten Reihenfolge angespannt und gelockert.

Pollen: Blütenstaub

Portionsgröße: ist die Größe von einer Mahlzeit bzw. von Speisebestandteilen.

Portionsmenge: beschreibt die Anzahl von Mahlzeiten bzw. Speisebestandteilen.

Praxis: ein anderer Begriff lautet Ordination, und das sind die Räumlichkeiten von ÄrztInnen, wo PatientInnen behandelt werden.

Prick-Test: ist ein Allergietest. Hierbei werden Allergene in die Haut eingeritzt und die Reaktion darauf abgewartet.

Problemdruck: Eine Sache, die subjektiv als sehr problematisch und belastend erlebt wird und mit dem Wunsch nach Veränderung gekoppelt ist, erzeugt Problemdruck. Je höher dieser bei der betroffenen Person ist, desto höher ist auch die Bereitschaft, etwas gegen das Problem unternehmen zu wollen.

PsychologInnen: sind Personen, die sich mit dem Erleben und Verhalten von Menschen befassen. Die Ausbildung erfolgt durch ein Universitätsstudium. PsychologInnen können in verschiedensten Berufsfeldern (Gesundheitswesen, Forschung, Wirtschaft) tätig sein.

PsychotherapeutInnen: sind Personen, die einen psychosozialen Grundberuf haben und sich durch Zusatzausbildungen Haltungen und Methoden einer bestimmten therapeutischen Richtung erworben haben.

Rachen: ist der Übergang von Mund- und Nasenhöhle in Speise- und Luftröhre.

RAST-Test: ist ein Allergietest, der Antikörper – die der Körper gegen bestimmte Allergene gebildet hat – im Blut nachweisen kann.

Reaktion, übertriebene: der Fachbegriff lautet Provokation. Meint ein gezieltes Hervorrufen einer Reaktion, z.B. eine allergische Reaktion des Körpers wird mit dem Essen einer Orange herbeigeführt.

regulieren: steuern

Rückzug, sozialer: meint, wenn eine Person ihre gesellschaftlichen Aktivitäten reduziert oder einstellt. Sozialer Rückzug findet meist in Kombination mit Veränderungen im Verhalten und Erleben aufgrund von finanziellen und/oder psychischen Belastungen statt.

Salbe: ist eine Mischung aus viel Fett und wenig Wasser zur Hautpflege.

Säure: ist eine chemische Verbindung, die sauer ist, z.B. Essig.

Schadstoffe: sind Stoffe in der Umwelt, die schädlich für Mensch, Tier oder Pflanzen sind.

Schlauchverband: meint einen schlauchförmigen Verband für Arme und Beine.

Schorf: ist eine bei Wundheilung auf der Haut gebildete Kruste.

schorfig: verkrustet

Schwarztee-Mullkompressen: sind Tupfer aus Baumwolle, die in Schwarztee getränkt sind.

Selbstinstruktion, positive: sich selbst günstig steuern, z.B. durch bestimmte Worte, Leitsätze, Gedanken.

Spatel: sind Holzblättchen in Form eines Eisstieles, mit denen ein Arzt die Zunge nach unten drücken kann, um besser in den Rachen schauen zu können.

Straftat: ist ein unrechtes Verhalten, wofür das Gericht eine Strafe verhängen kann, z.B. eine Geld- oder Haftstrafe.

symptomfrei: meint, ohne Zeichen einer Krankheit zu sein.

Talg: ist das vom Körper in den Talgdrüsen produzierte Fett.

Teufelskreis: Wenn ein Verhalten zu einem weiteren Verhalten führt und jenes wieder zu einem weiteren, so dass sich irgendwann ein Kreis bildet, weil das erste Verhalten wieder ausgeführt wird, spricht man von einem Teufelskreis. Jedes Verhalten bringt weitere Nachteile und wirkt sich z.B. auf die Gesundheit, die Genesung, das Wohlbefinden einer Person schädlich aus. Der Begriff „Teufelskreis“ weist auf die erhebliche Schwierigkeit hin, diesen zu unterbrechen oder aus der Abfolge von gewohnten, ungünstigen Verhaltensweisen auszusteigen.

vererbt: bedeutet, wenn etwas über die Gene von den Eltern an ihre Kinder weitergegeben wird.

Verhaltensweise, günstige: ist eine hautschonende Strategie, mit der ein bestimmtes Ziel verfolgt wird, z.B. statt sich zu kratzen, sanft über die Haut streichen.

Vitamine: sind Stoffe, die der Körper für viele Funktionen benötigt und mit der Nahrung aufnimmt.

Wirkstoff: ist ein Stoff, der im Körper eine bestimmte Reaktion, eine spezielle Wirkung hervorruft. Medikamente und Salben enthalten verschiedene Wirkstoffe, um Krankheiten entgegenzuwirken.

Ansprechpartner

Wenden Sie sich zuerst an Ihren Kinder- und Jugendfacharzt/Ihre Kinder- und Jugendfachärztin. Sollte dieser/diese kein Experte für Neurodermitis sein, wird er/sie an einen Kollegen/eine Kollegin oder auch eine/n auf Kinder spezialisierten/e Dermatologen*/ Dermatologin weiterleiten. Diese können eine Eingangsuntersuchung durchführen, medizinische Empfehlungen für die weitere Vorgehensweise abgeben und regelmäßige Kontrollen durchführen. Ein mehrwöchiger stationärer Aufenthalt in einer Rehabilitationsklinik für atopische Erkrankungen ist im Einzelfall möglich sowie die Teilnahme an einem Gruppentraining* abzuklären.

Nehmen Sie zusätzlich psychologische oder psychotherapeutische Unterstützung in Familienberatungsstellen oder in auf Neurodermitis ausgerichteten Instituten in Anspruch. Weitere Ansprechpartner können auf Neurodermitis spezialisierte niedergelassene PsychologInnen und PsychotherapeutInnen in freier Praxis sein. Wesentlich bei jeder psychologischen oder psychotherapeutischen Hilfestellung ist, dass Kinder und Jugendliche das Angebot gerne annehmen, weil sie positive Veränderungen feststellen und sich respektiert und ernst genommen fühlen. Die Inanspruchnahme einer ernährungswissenschaftlichen Beratung ist bei Nahrungsmittelunverträglichkeiten ratsam.

Literatur

Furmann, B. (2005). *Ich schaffs!* Spielerisch und praktisch Lösungen mit Kindern finden. Das 15-Schritte-Programm für Eltern, Erzieher und Therapeuten. Heidelberg: Carl-Auer Verlag.

Gieler, U.; Niemeier, V.; Kupfer, J.; Harth, W. (2007). Psychosomatik in der Dermatologie. *Psychotherapeut*, 52 (4), 291-309.

Warschburger, P. (2005). Verhaltenstherapie bei Neurodermitis. *Monatsschrift Kinderheilkunde*, 153 (11), 1048-1054.

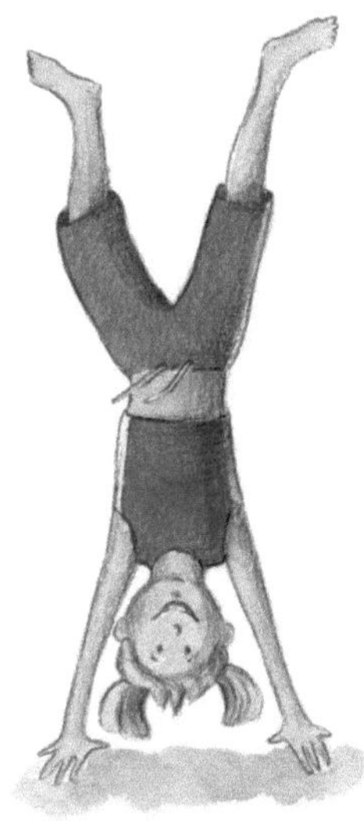